极简中国史

马勇 著

图书在版编目（CIP）数据

极简中国史 / 马勇著. -- 福州：海峡书局，
2023.3（2024.1 重印）
ISBN 978-7-5567-1038-6

Ⅰ.①极… Ⅱ.①马… Ⅲ.①中国历史－通俗读物
Ⅳ.① K209

中国版本图书馆 CIP 数据核字 (2022) 第 257136 号

本书中文简体版权归属于银杏树下（北京）图书有限责任公司

极简中国史
JIJIAN ZHONGGUOSHI

作　　者	马勇	出版人	林彬
出版统筹	吴兴元	编辑统筹	郝明慧
责任编辑	廖飞琴　刘毅攀	特约编辑	王凯
装帧制造	墨白空间·黄海	营销推广	ONEBOOK

出版发行	海峡书局	社　　址	福州市白马中路 15 号
邮　　编	350001		海峡出版发行集团 2 楼

印　　刷	天津雅图印刷有限公司	开　　本	889 mm × 1194 mm 1/32
印　　张	6.5	字　　数	124 千字
版　　次	2023 年 3 月第 1 版	印　　次	2024 年 1 月第 3 次印刷
书　　号	ISBN 978-7-5567-1038-6	定　　价	68.00 元

书中如有印装质量问题，影响阅读，请直接向承印厂调换
版权所有，翻印必究

序

  如果从 1979 年考入大学历史系算起，至今我已经在中国史领域读写 40 多年了。不想不记得，一想感到不可思议，40 多年竟然无波无浪走过了。岁月无痕，青春不再，坐看天边云卷云舒。

  读书时，我就梦想在历史学领域坚持做下去，不论是本科还是研究生阶段。直至后来在研究所工作，我的想法都是如此。尽管并不清楚知道做下去的结果是什么样子。

  当然，我说的坚持也不需要什么外在条件，其实只是一个微妙的心理活动，就是对当下的外部诱惑能不能有一个冷静的观察，以及能不能进行合乎自身利益的判断。

  我们读大学时，中国正从十几年的荒诞中走出，重回建设轨道。那时最流行的口号，是为中华崛起而读书。每天基本上三点一线，宿舍—食堂—教室，俯而读仰而思，恨不得一天当作十天用，补上前面该读书时却耽搁了的书。实事求是说，大学七年读书生活最单纯，读书的乐趣也最大，量多且广。

进入研究所，还是读书。那时的老先生一再告诫我们年青一代好好读书，不要轻易下笔，不要将来后悔少作。甚者，许多老先生一再叮嘱：耐心读书，50岁之前不要写；读完应该的书，再写不迟，感觉也不一样。大致而言，我确实是按照这些教诲做的，因而同龄中，我应该属于出道很晚的。

我那时感觉读书就是生活的全部，读书就是生活的本质，并不觉得读书一定要做什么事。只是读久了，没有傻，反而对许多问题的看法不知不觉与过去很不一样了，因而稍后就觉得可以也应该将这些不一样写出来与同好共享。从这个角度来说，我对历史学的认识，了无新意，还是太史公那几句话：究天人之际，通古今之变，成一家之言。

基于这样的认识，在过去二三十年，我就中国史个人感兴趣的问题进行了一些专题研究。久而久之，又觉得仅仅进行一些点的研究，还不足以就全局性的问题提出看法，因而我又尝试性做些比较宏大的题目，企图从一个更广阔的背景解读中国历史。这本小书，就是这个企图的一个小小的结果。

我原本无意现在就将这样尚不成熟的认识奉献出来。之所以现在拿出来，主要是因为玉闪兄和他的团队。几年前，我在玉闪的平台讲过一些话题，大约他也觉得我有这样的构想，因而去年疫情突起、百无聊赖时，玉闪兄竟然与 B 站达成一个协议，约我在一个不太长的篇幅里大概讲述一些对中国史的新想法。于是就有了这本《极简中国史》。

这本书是根据我在平台即席所讲内容整理出来的，原稿比现在长一倍有余。玉闪、韦伟、韩磊诸小友进行了大刀阔斧地整理，没有他们的工作，我现在绝对不敢将之拿出来献丑。对各位的工作，我表示衷心感激。

书中的一些看法仅仅是我的一点读书心得，衷心期待读者诸君批评指正。我当然也希望将来有机会重讲此题，或许可以更从容展开，弥补极简的不足。

马勇

2021 年 9 月 20 日星期一

目 录

序 …………………………………………………………… i

第1讲 导 论 ………………………………………………… 1

第2讲 中国文明的发生 ……………………………………… 9

第3讲 真实的与想象的：三代之治 ………………………… 16

第4讲 殷周制度论 …………………………………………… 23

第5讲 天子与诸侯国：周朝制度安排 ……………………… 32

第6讲 "轴心时代"：中国文明元典 ……………………… 39

第7讲 春秋五霸与战国七雄 ………………………………… 46

第8讲 过秦论 ………………………………………………… 53

第9讲 秦汉帝国：中国框架之大致形成 …………………… 60

第 10 讲　合久必分：汉帝国解体 …………………… 71

第 11 讲　分治时代：一个中国，各族共建 ………… 78

第 12 讲　南朝四百八十寺：寺院经济与信仰体系的扩充 … 84

第 13 讲　五胡十六国与北部中国的开发 …………… 90

第 14 讲　隋王朝："中华第二帝国" ………………… 96

第 15 讲　世界性帝国：唐王朝 ……………………… 102

第 16 讲　封建论：唐朝中晚期的政治架构问题 …… 109

第 17 讲　中国文明新高度：宋朝的建立及其发展 … 116

第 18 讲　又一个分治时代：宋辽金西夏 …………… 123

第 19 讲　大一统：草原帝国的急剧扩张及其挫折 … 129

第 20 讲　驱逐鞑虏，重建汉人王朝 ………………… 136

第 21 讲　大航海时代的机遇与错失 ………………… 141

第 22 讲　管制贸易与贸易失衡 ……………………… 147

第 23 讲　西学东渐与东学西传 ……………………… 154

第 24 讲　明清易代与 17 世纪全球史 ……………… 162

第 25 讲　18 世纪的繁荣与问题 …………………… 168

第 26 讲　停滞的帝国 ………………………………… 173

第 27 讲　迟到的工业化 ……………………………… 180

第 28 讲　3000 年未有之巨变 ……………………… 190

第1讲
导　论

各位朋友大家好，从今天开始，我跟大家一起交流关于中国通史的一些看法。这个栏目的创意者将之定名为《极简中国史》。"极简"二字极好，如果能在一个极短的篇幅中给各位一个中国史的梗概，一个与先前不太一样的认知，我觉得就值得做。

在导论部分，我只想讲一个主题，那就是如何在有限的篇幅当中来表达中国的过去，给大家一个完整的印象。

到今天为止，中国历史有多久呢？在中国史学研究的框架中，在过去漫长的时间段，我们先讲的是3000年叙事，后来讲5000年叙事。当然我们讲到元谋猿人和北京猿人的时候，讲的（历史）会更漫长。但是从严格意义的历史学、考古学而言，真正可以叙述的、有准确凭证的历史，还是应该遵循司马迁《史记》给我们的思路，从三皇五帝开始往下讲，这是中国历史叙事起源的大致情况。100年来的现代中国考古学所做的主要工作，也大致不出这个范围。

从孔子所处的时代到现在，是2000多年的时间。其间历史不断发展，历史叙事也在不断调整。从孔子的《春秋》到司马迁的《史记》，再到班固的《汉书》，一直往下是《后汉书》，然后是唐朝几部史书的编写，又到宋朝司马光组织《资治通鉴》的写作。到了晚近，历史学者把中国历史上公私所修的历史书做了一个大概的分类处理，比较宏观地讨论记述了中国历史的一些作品，被概括为"二十四史""二十五史""二十六史"。这些历史书都是中国历史叙事的传统框架，它们为我们认识过去提供了一个观察视角，即传统叙事当中的王朝政治史，这是最传统的、最中国化的表达方式。当然，虽然传统叙事格外注意政治史，但并不意味着政治之外的历史现象完全被视为无物。其实，"二十六史"中也有不小的篇幅记录了中国人的物质生活、精神生活、科学技术创造等方面的内容。

在清朝中期之前，中国的历史叙事是非常中国化的，没有夹杂外国因素。但是到了清朝中期之后，中国的历史叙事开始渗入一些西方因素，特别是受俄国因素的影响，那时人们开始加强对西北史地的研究，中国历史的叙事方式、框架模式也开始有了调整。到了20世纪初年，新史学传入中国，中国的历史叙事开始出现革命性改变，那时也叫作"史学革命"。这一次调整，仅从形式而言，一种前所未有的表达方式——章节体叙事方式——出现了。而传统中受到广泛认同的纪传体、通鉴体、纪事本末体甚至典章制度等历史书写方式渐渐退出或淡出。20世纪20年代由清朝遗老编纂完成的《清史稿》成为中国传统史学书写方式的绝响。之后即便有人试图恢复、改良旧的书写方式，基本上都不成功。

在中国传统史学当中，没有原始社会、奴隶社会、封建社会、资本主义社会这样的叙事框架，但是新史学开始讲这些因素。这样，在距今100—150年这段时间，中国历史叙事的框架开始有了很大调整。这个调整为我们重新认识中国和世界提供了很大帮助，通过新视角可以得到一种不一样的观察。

20世纪20年代，随着殖民体系逐渐瓦解，全球掀起了民族独立的浪潮。这样，中国的历史叙事又发生了调整，民族主义史学开始崛起，历史叙事的观念性加强了。原来的历史学是就事论事地讲一个事情，民族主义史学则开始讲价值观。在民族主义史学的基础上，20世纪30年代以后，马克思主义新史学逐步构建起来，给历史研究注入了爱国主义因素和社会主义平等思想，这对我们认识过去有很大的帮助。所有的历史叙事都有它的局限性，横看成岭侧成峰。读者所看到的可能只是一角。有个成语叫盲人摸象，你觉得你摸到这一块儿是历史的真相，其实可能不尽然。历史学发展到现在，在民族主义史学、爱国主义史学、马克思主义史学的基础上，又出现了现代化史观、全球史观，我们这个栏目就是以这种综合的历史叙事方式加以展开。

民族主义史学认为近代中国问题的发生是外国资本主义入侵导致的，没有外国入侵，中国会缓慢地向前走。像毛泽东在《中国革命与中国共产党》中所说的那样，假如没有帝国主义入侵，中国也将像西方国家一样，缓慢地进入资本主义阶段。这个说法有一定的道理，人类历史的发展确实具有相当大的普遍性。

从15世纪（也就是明朝早中期）开始，大航海发生，全球史的叙事开始，中国的问题开始和全球有重大关联。15世纪之后中国历史发生的许多问题，都能追到外部因素，比如明朝的闭关锁国、倭寇、白银问题、资本主义萌芽问题等，都可以从全球历史的变动中找到比较直接的原因。

从这个观点看17世纪明清易代，也不再是一个简单的中国内部问题，它实际上也有很多外部环境的背景。过去的气候史研究认为，小冰河时期气温骤降，促使北方游牧民族南下，全球环境变冷影响了政治的运转。从这里边可能看到很多全球因素，当然到了18世纪，这一点就更加明显了。没有全球贸易的充分发展，就不可能有18世纪康雍乾时代清帝国的富强。康雍乾时代的中国还是农业社会，为什么在农业社会背景下能突然出现几千年来最繁华的盛世呢？就是因为在全球化背景当中，贸易顺差导致了18世纪中国的繁华。到了19世纪，这一点看得更明白，鸦片战争以及

第1讲 导 论

之后中国一系列的变革,就是因为中国越来越深地卷入世界当中。

上面我们讲的是中国变化背后有全球因素的推动,反过来说,全球变化当中也有很强的中国因素。从全球史视角观察,在过去一个漫长的时间段,中国所有的发展都是因为和全球有一个互动的因果关系。现在全球史的研究已经很清楚地看到不是15世纪大航海之后,中国才卷入全球化的背景。中国人对世界的观察和了解,现在可以追溯记录的时间,也往前推得很早。比如先秦时期齐国的邹衍,已经对"大九州""小九州"有了很准确的描述,表明至少到那时,中国人已经对域外文明有自己的理解和认识。

秦汉帝国建立之后,中国人对外部世界的认识更加清晰,更不要讲很早时期留存下来的文献《山海经》了。现在我们对《山海经》的研究也很充分,如果没有一定的勘查或者文字的记载启示,《山海经》不可能描述出那样一种世界图景,比如它里面提到了中亚地区和红海附近的情况。

以上说的是可以记录的中国人对世界的观察,而不可记录的,也就是考古学发现的中国和世界曾经发生的联系,那就更久远了。有些研究者根据基因组的考订,认为各色人种的祖先都是从非洲走出来的。如果这样讲的话,那从更遥远的年代开始,中国和世界就是一体的。

100多年前曾经出现过中国"人种西来说""中国文明西来说",认为中国人来自巴比伦,来自中亚。今天很多中国人不愿意认同这些观点，但是如果完全无视这些说法，有几个问题也很难得到合理的解释。比如三星堆文化的来源问题，还有如何解读秦始皇陵寝里面的中亚因素。

我在这里不想强调很奇特的个案问题，而是想跟大家探讨交流大历史叙事当中，中国因素和世界之间的互动。到了中古以后、晚近时期，中国因素影响世界表现得就更加明显了。汉唐时期，中国由第一帝国向第二帝国过渡，这个时间段极为漫长，差不多有1000年。其间，中国和世界的联系是相当紧密的。秦汉时期，中国已经可以和罗马帝国有某种程度的沟通。到了南北朝和隋唐时期，中国与中亚地区有很多的关联。这种关联不仅是外部因素进入中国，中国因素也开始渗透到外部地区。

有一点需要大家注意，历史上实际发生的和历史学能够记录、表达，并进行研究的东西，是根本不成比例的。历史学家知道的再多，也没有历史上实际发生的多。为什么？因为人们在从事政治、经济、文化活动的时候，并没有时时或有意识为后来的历史学家留下记录。出于各种各样的原因，比如隐私，历史的创造者甚至会有意识地毁掉我们历史学认为是史料的东西。现在如此，过去同样。

比如多年前在美洲发现了明朝宣德年间的文物，这能否表明明朝人曾经到过美洲呢？不能这么直接讲。六朝时期，南朝法显和尚可能到过美洲。但是他到美洲是不是有意识地要去发现新大陆呢？毫无关系。那只是很自然的原因，可能因为风向，因为非人力可控制的因素，飘洋过海就到那儿了。可能有很多人飘洋过海到过美洲，但是只有他活着回来了。历史上记录的事情极为有限，而历史上实际发生的故事远远多于历史的记录。

历史学研究一方面需要实证，需要史料的支撑；另一方面也要打开想象的空间，在历史各个节点中找寻历史关联中的合理逻辑。

我想在有限的篇幅里做出以下解读：在过去几千年中国历史的演变之中，有哪些外部因素影响了中国，中国又是如何向世界进行反馈的。我希望能立足于一个大的视角，同各位一起讨论中国的过去。

历史学的一个重要任务是分析过去，它研究的问题都是不可再现的东西。历史学可能是所有学科中最不像科学的学问。对自然科学，人们可以去描述第二次发生的情况，经过实验，第二次一定和第一次一样，不一样就证明其中有问题。而历史学要讨论的是一个无尽的过去，是消失的过去，我们没办法起死人于九泉之下，更没有办法去重复、重现历史场景。

举一个例子。我们今天去讨论李鸿章的功过是非，一切东西都是我们的主观诉求。我们可以把与李鸿章相关史料读得很熟，但是我们没有办法建构李鸿章和他同时代人心灵上的互动。我们再怎么建构史料场景，依然缺少心灵上的环节。

因此，历史学在描述过去的时候，有其自身的局限性。历史学的进步和改进，主要凭借的是历史学家不断对历史进行解构、重构、再解读、再重构，逐渐逼近历史真实，而不是强调自己的探究就是历史真实。在这本书当中，我希望通过自己粗浅的一家之言，跟诸君一起回顾先民曾经走过的路，曾经可能有的想法与意识。

第2讲
中国文明的发生

中国文明的起源是一个很复杂的问题,在过去的100多年当中,国内外学术界对此有很多分歧和争议。100多年前,中国的知识人普遍接受"中国文明西来说",其中包括梁启超、章太炎这样的一流学者。

直到今天,仍然有一部分研究者笃信"中国文明西来说",强调中国文明来自巴比伦,来自中东及中亚地区。

有英国科学家提出过这样的假说:人类的第一个女性祖先产生在大约15万年前的非洲。近些年来又有学者通过对南方基因组的研究,得出人类祖先都是从非洲走出来的这样的结论,这种说法和中国古代传说以及基督教神学表达是很相似的。

人类的起源可能是多元性的,并不是说上帝先造了一男一女，再扔出去让他们两个繁殖。真实的情况很可能是这样的，人类和其他生物一样，在适宜产生的地方自然产生了。文明的起源遍地开花。在这个漫长的形成过程当中，本来人们可以各自为政，但人们需要应对各种环境的变化，为了抵御猛兽的侵袭和其他族群的进攻，人们开始聚集在一起，慢慢开始形成小的村落。若干个联系紧密的村落形成了城邦，之后若干个联系紧密的城邦又形成了小的族群，这样就构成了中国文明的起源。由此也可以解释人类文明发生的普遍性。

关于三皇五帝，我们知道的非常有限，司马迁在2000多年前就已经有这种感受了。《史记·五帝本纪》说："学者多称五帝，尚矣。然《尚书》独载尧以来；而百家言黄帝，其文不雅驯，荐绅先生难言之。"在孔子的表达当中也有"亲闻""亲见""亲历""传闻"的区分。我们今天讲中国的古史，讲到三皇五帝，就已经（说）是一个传说时代。我们后人管没法讲清楚的事情叫"传说"，但对当时的人来说那是个真实的世界。比如有没有大禹这个人，20世纪疑古风气最盛的时候，鲁迅批评顾颉刚，说顾颉刚认为大禹不是一个人，而是一条虫。顾颉刚后来抱怨说，你把我的意思概括错了。

其实顾颉刚想表达的是什么呢？他认为大禹是一个"箭垛式"的人物，夏商时期的很多故事，都是后人不断添加上去的，就像不停地朝箭垛射箭一样，是层累的增加，不断的

第 2 讲 中国文明的发生

丰满。后世学者较前辈学者讲得更细致、更圆融，这其中就有后世学者添加的东西。顾颉刚对历史形成现象的这个发现，对于我们理解古史形成甚至理解晚近的历史，都极具启发意义。我们今天不能把三皇五帝"做实"，司马迁的《史记·五帝本纪》已经在解读中国远古时期的历史，描述出了一个大致情况，但是讲得很含糊。从周朝开始，司马迁的描述才开始比较清晰，因为周朝留下来的文字记录，或其他可资参考的东西比较多了。

司马迁应该没有看到过殷墟的甲骨，因此《史记》对商朝的历史描述得很模糊。1899年甲骨文被发现，学者们经过100多年的研究，终于可以把商朝的历史描述地比较清晰了。其中贡献比较大的有王国维、罗振玉、刘鹗，他们对甲骨文的释读，解决了商朝的帝王传承问题。王国维有一篇著名的作品《殷卜辞中所见先公先王考》，在《史记·殷本纪》的基础上，把商朝的帝系、谱系更清晰地呈现给世人。

我们现在都说自己是炎黄子孙，但是炎黄子孙真正成为一个政治化的概念，是最近30年的事情。这个概念提出来的时候，我已经在学界干了好多年了，我个人是不太认同它的。我，马勇，我自己所属的这一支是清朝中期从甘肃到安徽来的。在当年，我祖先所处的地区属于周边地区。你说你是炎黄子孙，那我们不就成了非炎黄子孙吗？但是我们的概念说，炎黄是中国文明的起源，是中国族群的源头，我觉得讲这个东西的人可能不理解学术史。

甲午战争后,梁启超提出"中华民族"的概念。20世纪初,孙中山搞排满革命,提出的口号是"驱除鞑虏,恢复中华",把满洲看成了异族。孙中山最初的理想不过是像当年的朱元璋一样,重建一个汉人的天下。

但是等到1912年清帝退位之后,我们形成的族群概念是:满、汉、蒙、回、藏,五族共和,我们是一个国家,一个族群。为什么"满"在前呢?因为满人是清朝的领导力量、领导族群;"汉"是主流族群,之后就衍生出了"炎黄"概念。这些都是学术史上的概念,没有任何政治意思。

在中国古史的叙事当中,我们讲炎帝部落和黄帝部落互相之间争战,就是在争地盘。为什么要争地盘呢?是因为你侵扰了我的安宁,侵犯了我的利益,那我就要去争。中国历史上一个族群和另一个族群的冲突,其实是一个利益集团和另一个利益集团的冲突,部众只不过是族群领导者的财富。我并不是在诬蔑中国的古史,在中国近代民族国家形成之前,人民就是利益集团的财富。

远古时代,各个大族群、大部落一再的重新组合,最后形成了夏商周三个大的政治体,中国历史终于进入了可叙述状态。

今天考古学发掘的一个重点是寻找夏文明,比如长期致力于先秦史研究的李学勤先生,他认为以郑州为中心的一个大概区域是夏文明的主要活动范围。还有主持二里头考古发掘的许宏老师,他也是在寻找夏文明的晚期痕迹。商朝的叙事因甲骨文的发现而变得清晰，如果能够通过考古学找出夏文明的脉络，弄清楚夏王的谱系，那夏朝历史也就可以叙述了。我们在解读夏商周三代历史的时候，一定要注意到一点：夏商周并不是先后出现的。不是夏结束之后商出现，商结束以后周出现。我们要注意夏商周的共时性、同步性和重叠性。

周秦之变，周朝结束，秦朝崛起，并不是周天子把传国玉玺交给秦王，说我退位了，剩下的交给你了，不是这样子的。周、秦有一个漫长的重叠期，共存在一个体制内。夏商周不仅是时间上的重叠，还有空间上的重叠。我们的古史几乎都在讲，夏商主要在东方，周起于西戎，起于西方。我个人认为不能把夏商周的空间绝对化，三者在空间上具有重叠性，因为它们在时间上具有重叠性。夏商之间的边界不可能十分清晰，在夏商几百年的重叠过程中，双方的边民"逐水草而居"，今年河东岸适合居住，我就到东岸，明年可能就去西岸了，我可不管这是夏的地盘还是商的地盘。因此，大家一定要注意到夏商周的共时性、历史性和区域性的重叠。

最后一个主题，我们要知道东方文明的特征——它是一个治水文化。千百年来，一代又一代中国人最大的梦想，就是能驯服黄河和长江。今天中国有一个机构叫水利部，"水利"，意思是要化害为利。其实中国人自古以来的目标是治水患，根本没想到把"水患"转化为"水利"。我们去读《明实录》《清实录》，黄河几乎每年都要泛滥，有时一年还不止一次。

中国历朝历代都把治水作为一个重要的目标，为什么？因为黄河流域曾经是中国的经济重心，如果黄河泛滥得不到及时有效的治理，很可能会导致王朝政治体制的崩溃，因此治水是中国历朝历代一个最基本的政治诉求。从这个逻辑（出发）才能回答下面的问题，为什么中国的共同体从万国林立逐步合并成小邦，之后再不断地整合，最后形成统一的王朝。周朝建立的时候，分封了七八十个同姓异姓诸侯国，之后还有不断的分裂与重组。通常情况下，周朝应该有上百个诸侯国，孔子、墨子都号称读过三百个国家的历史书。（要）理解周朝诸侯国的情形，必须有一个动态的观察。经过春秋几百年的争霸，逐渐有五霸凸显。而从历史研究的实际情形看，五霸也是一个动态的状况，并不是有五个诸侯国一直担任周朝的"五大常任诸侯国"。进入战国时期，又逐渐演化为七雄。七雄的情形与春秋时的五霸一样，也处于变动不居的状态，分化重组，不断发生。后来秦国崛起，逐渐灭掉了六国，废黜周朝，重建了自己的天下。

回到大禹治水这个话题，我要讲的意思是什么呢？中国走向统一，其中一个驱动力就是治水的需要。因为大江大河的水患不是某一个小国家可以治理的，必须走上一个大规模的联合，整个流域的联合，这样才可以调动更多的资源来治理水患。

根据可记录的历史，在今天河南开封的地下，已经沉下去好几座城市了。人们也很执着,你说黄河决口把开封给淹了,咱们大不了一走了之,不再回来了。但是等水患过去之后,那些人又回来了,叠加再建。有一次我到开封讲课,我说开封不应该发展更多的工业,应该专门发展旅游业。怎么发展旅游业?切一个平面出来,让参观者可以看到从宋朝到现在开封是怎么叠加的,把这个过程立体地呈现出来。

民国时期的黄河泛滥也是很厉害的,1938年还主动放过一次水,形成了黄泛区。我的老家就属于黄泛区,在我小的时候,春秋两季都是黄沙迷漫,没有办法。后来我们学焦裕禄,焦裕禄的主要贡献是种植固沙的泡桐,为的就是解决黄泛区的黄沙问题。

说句实在话,到了当代,我们才真正解决了黄河的水患问题。现在你到开封去,根本感受不到黄河曾经泛滥过,我们今天已经把黄河驯服到什么程度呢?你想让它往哪儿走,它就必须往那儿走。

有很多人对古史中大禹治水这件事的真实性有争议,我认为大禹治水是真实的,但是大禹不是一个人,而是很多治水英雄的事迹叠加堆积起来的。治水,特别是治理黄河水患,是中国古史形成当中一个非常重要的主题,甚至可以说是中国文明的母题。

大禹治水之后,中国的水患没有得到彻底解决,但是中国的政治架构发生了变化,那就是推荐贤能的禅让制度终止了,我们走到了另外一种政治传承的方式。

第 3 讲
真实的与想象的：三代之治

夏商周在中国历史上真实存在过，但同时又具有很强烈的乌托邦色彩，有很多后人想象的成分，同时也给后人带来了很多困扰。身处三代晚期的孔子是言必称三代，最崇拜周公，所谓"悠悠万事，唯此为大，克己复礼"；所谓"郁郁乎文哉，吾从周"；所谓"甚矣，吾衰也。久矣，吾不复梦见周公"云云。这些都表明孔子心目中的三代，尤其是周公所处的周初，是一个值得人们怀念的理想社会。到了近代，当中国人初遇西方，第一反应就是"礼失而求诸野"。西方社会并不是突兀而起，而就是中国久已逝去的三代之治。读魏源的《海国图志》、徐继畬的《瀛寰志略》、郭嵩焘的《使西纪程》，我们都很容易感到这些"进步的"近代中国人对近代西方不仅不隔膜，反而有重新发现古典的意味。稍后，

第3讲 真实的与想象的：三代之治

康有为发起维新变法时总拿三代说事，也就顺理成章，容易理解了。

三代的魅力究竟在哪儿？为什么三代以后的人总是对这个时间段如此怀念与痴迷，难道单单是中国人的"倒退式"思维在作祟？

梁启超在《清代学术概论》《中国近三百年学术史》等作品中做出了这样的表达，他认为中国人的思维路径是以复辟为革新，以后退为进步。近代中国在面对西方压力的时候，中国的知识人是怎么考虑的呢？他们没有想到立即像英国那样搞君主立宪，或者像法国那样走大革命的道路，又或者像美国那样走共和建国的路径。

当时中国知识人首先想到的是什么呢？应该建立中国三代的理想社会。最典型的案例是近代中国第一个出使西方的使节——郭嵩焘。郭嵩焘是近代中国第一个外交官，曾任"驻英法公使"[①]。郭嵩焘是进士出身，是一个很勤奋的传统士大夫，对中国传统有很深的理解。郭嵩焘在英国耳闻目睹了议会的辩论、国王和议会之间的关联、政府的运作、人民对政治的感觉和判断，最后得出了什么结论？这不就是我们的三代嘛：君民共治，有议政的，有执行的，有专门负责听讼断狱的，各种力量相互之间保持着某种制约和关联。

郭嵩焘的这一观念对近代中国学习西方的惶恐心情起了

---

① 先任驻英公使，后兼任驻法公使。——编者注

很大的化解作用，让中国的政治家、思想家觉得学习西方没什么大问题，学习西方其实等于学中国自己，是从中国那些久已逝去的传统中重建一个新的体系。中国儒家思想当中有这样一个表达，也就是孔子说的"礼失而求诸野"：我们创造了文明，但是经过一段时间的发展，我们把文明搞丢了；之后经过很多年，我们在远郊、在周边区域，又把文明找到了。

在中国近代史上，三代赋予了郭嵩焘、康有为等知识人一种美好，而这种美好是谁带给我们的呢？是中国知识人的祖宗、心中的圣人、东方的耶稣——孔子。孔子在中国历史上是个伟大的人物，因为他所传递的知识对后世的中国读书人来说是受益无穷的。孔子述而不著，他自己没有多少作品，靠讲课和学生记录，勉强整理出了一本《论语》。另外他自己整理了"六经"，《诗经》当中有很多夏商周三代的民谣、民歌。孔子通过对中国知识系统的整理，传递给我们一个很丰富的历史观，就是要往后看。

孔子生活在春秋晚期，这个时候历史发展的问题在哪儿呢？原来理想的架构没有得到实现。孔子认为中国在这之前，已经提供了一系列的理想架构，但是没有落实好。因此他致力于落实古代中国人的理想，"大道之行也，天下为公"，他认为之前的这些东西是对的。因此这种对三代想象的历史观，可能还是要从孔子开始，一直到晚近的康有为为止，康有为之后的中国知识人就不再这么讲了。比如甲午战争之后的严复，那时候全球化的感觉非常明显了，中国的知识人已经不局限在中国知识域之内来寻找救国的良方，而是有更大的选择空间。1895年以后我们开始学东方（日本）、学西方，1917年以后又开始学北方（苏俄），这表明中国一直有很好的学习传统。这可以用一句话来概括，"圣人之于天下，耻一物之不知"。这句话表明千百年来中国的知识人，从来不会去刻意地排斥某种"化"，什么"西方化""东方化"，所有的"化"最后都必须化为"我化"，叫"中国化"。到了当代，我们有了空前丰富的学习资源，再回到传统三代的逻辑关联就很难了，我们不会动不动就说我们三代如何如何。但是在历史上一个漫长的时间段，中国没有和西方接触的时候，中国逻辑思维的特性就是这样的。就像梁启超讲的，以向后作为向前，以复古为革新、为解放。这是我们要去注意的。

讲三代最重要的一个问题还是政治架构的传承，在中国几千年的历史上，政治体制的传承一直处在探索过程中。中国和世界上其他地方一样，人们从不需要相互关联的众多散漫的个体，到出于生存需要而走向联合。走到联合之后就面临一个问题，那就是如何产生领导人，用什么标准选领导人，具体的程序怎么展开。我们今天的选举制度以选贤与能为最重要的诉求，选举的终极目标是选出贤能之才，方式是服从于目标的。在中国历史上出现了两个很重要的方式，一个是推举贤能，也就是大家熟悉的禅让制。选领导人要选道德高尚又有本事的人，这个人要能给大家带来幸福、安全、和平，用现在的话讲就是能带领大家共同致富。

另外一种方式是"家天下"的自然传承，我们家的事和你们没关。在民族国家形成之前，民众只不过是统治者的财富。作为主人的统治集团，他们怎么产生领导人呢？在三代早期，基本上采取禅让制。在这个过程当中，遇到了许多新的因素，家族内部的传承，父子之间的传承，在中国历史上也是这么个逻辑。就像后来1898年戊戌变法的时候，康有为说：大清要亡了，我们要救国。刚毅是怎么讲的？他说：大清是我们满洲人的，和你有什么关系啊？就是大清不幸而亡，救国也轮不到你康有为。

中国历史上最高领导人的传承和财富有关，和产业有关。20世纪西方政治学、社会学理论传到中国来之后，中国人在分析古典传承方式的时候，注入了新的因素，就是经济学和私有制的考量。这使我们在分析三代制度的时候，感觉禅让制好像是很大公无私的。我不干了，我不会让我的儿子接班，而是要禅让给一个更贤能的人。这是我们理解财产私有制之后回望历史得出来的分析，真实的历史情况可能不是这个样子的。因为在三代早期，天下是一个乱糟糟的状态。一个集体要生存，需要处理很多公共事务，比如治水。一个领导人带着大家搞了十年，没有结果，洪水依然泛滥。这时候其他人就觉得你不要再管公共事务了，这个领导人自己可能也觉得自己不是这块料，该退下去了。

第3讲　真实的与想象的：三代之治

我们去读夏商周三代，还要注意一个中国历史表达当中独有的东西，那就是追溯原罪。在西方，从古罗马时代开始，一场大战之后，或者一个政治时间段结束之后，立刻会产生出一批出自职业历史学家的作品。最典型的是美国，一个总统任期结束之后，很快会有个工作班子完成回忆录的写作。中国经常遗留所谓的历史问题，而西方不会这样，因为他们及时结账了。我们中国是用期权的办法，不结账。不结账就导致了箭垛式的东西。史料上记录的邪恶和清明，大概和历史真相都有相当的距离，很多情况是后人进行了归类，合并了同类项。我们今天去分析一下夏桀和商纣，怎么会那么邪恶呢？我们去读《史记·殷本纪》对商纣的描述，邪恶到什么程度？酒池肉林。这也太奢靡了。我觉得这和历史真相相距甚远，应该是箭垛式的积累起来的东西。

夏桀和商纣实际上代表了中国历史学善恶的评价标准。中国古代一个王朝结束之后，史学家不会立即清账，及时对相关的人和事进行评价，这对历史活动者是相当不公平的。后人箭垛式的累积，把恶给归类了，合并到一起去，又把善合并到一起去，好像中国历史表达当中好人就特别好，坏人就特别坏。作为一个历史从业者，我对此向来不太认同，我觉得对历史人物的评判还是应该回归到具体的场景当中去分析。

关于三代，我们还要注意到一点，也是之前提过的，夏商周在区域上有重叠。从王国维到李学勤，他们都在找寻夏商周的国都，找来找去都找到河南去了。因为黄河中下游当年气候适宜，水草茂盛，适合人类居住，是中国文明的发祥地，夏商周三代重要的都城都在这儿发现。除了区域性的重叠外，夏商周在时间上也有重叠，三者并不是交替出现的，而是长时期共存的。各方存在着交流和融合，有时候会发生冲突，失败的一方会输掉很多人口。中国历史上有很多大大小小的政权被消灭，但大规模的人口减损却并不多，这表明胜利一方并没有把接收的民众都杀掉。我们今天已经知道得很清楚，在一个漫长的时间里，周不仅是商的臣属，还和商有亲戚关系。夏和商也有很密切的关联，这就是共时性。

后来的元明清也是如此，三者也是在一个共时性当中存在很久。满洲人主要在今天的东北地区活动，蒙古人在北方活动，明朝主要在长城以南活动。明朝建立后，元朝并没有完全终结，北元政权一直存续到1635年。满洲人的前身女真人早在12世纪就建立了金国政权。在明朝，满洲人（政权）和明政权也是长期共时性的存在。我们可以通过史料比较丰富的元明清去对比理解夏商周，这样就能更好地体会到空间和时间上的共存，当然更多的历史细节可能要靠大家的阅读去掌握。

第4讲
殷周制度论

周朝前后持续了差不多800年，联系我们之前讲过的夏商周的共时性，在武王伐纣之前，周与商已经共存了几百年。所以从某种角度说，周王朝持续了上千年。但这并不意味着周是人类历史上最长的王朝，日本天皇是千年一系，现在传到了第126代，德仁天皇，年号令和。

周以后的王朝，无论多么强盛，最多也就持续三四百年。接替周的秦王朝只有14年，周有周长寿的原因，秦有秦短寿的原因。后世王朝为什么不能再像周那样持续800年，特别是秦始皇，他根本就没有吸取前朝的经验教训，原因究竟在哪儿呢？我们在后面相关的章节当中会进行展开。

相对于殷商统治集团来说，建国之后的周王室是新兴统治集团。鉴于商王朝的教训，周王室对政治体制进行了重新建构。这种重新建构在孔子、司马迁等人的历史表达中并没有揭示出来。直到19世纪末20世纪初出现新史学,一个伟大的历史学家对这个问题进行了解读,这个人就是王国维。

我们这一集的题目是"殷周制度论",实际上是借用了王国维先生作品的名字,他在1917年发表了《殷周制度论》。王国维认为殷周之际的几百年是中国历史上天翻地覆的大变动时代。我个人认为中国历史有三次剧变,殷周之际是第一次,周秦之际是第二次,近代中西沟通之后发生了第三次剧变。第三次还没有结束,而我们就处在第三次大转变的历史激流中。

在王国维先生的观察里,殷周之际的变化意味着什么呢?第一个是封建架构的建立。今天可能很多人不理解"封建"的本义。20世纪20年代,中国的马克思主义发生以后,从日本和苏联引进了"封建主义"这个词,它原本是描述欧洲中世纪社会状态的概念,后来就用它去描述中国中古时期的社会形态。我们读书的时候,接受的是5种社会形态理论:原始社会、奴隶社会、封建社会、资本主义社会、共产主义社会。5种社会形态中的"封建社会"和我们这里要讲的"封建"实际上是两个不同的概念。"封建社会"讲的是社会性质,我们这里的"封建"讲的是政治实际运转的情况,它的完整说法不是"封建主义",也不是"封建社会",而是"封邦建国"。

"封邦建国"是什么意思呢?周天子不可能把他的族亲

第4讲 殷周制度论

都留在首都做官,而是分给他们各自一块土地,让其世世代代镇守。像鲁国的始祖伯禽,他是周公旦的长子、周武王的侄子。周朝的"封建"和西方讲的"封建主义"完全是两码事。

"封建"这个事情在商朝也有,商朝也有封国,周原本就是商朝的一个邦。周朝建立之后是有意识地封邦建国,把国家分成了70多个诸侯国,主要是同姓子弟,还有军功大臣。封邦建国使周王朝的政治架构形成了与前代很不一样的观感,那就是中央权力和诸侯国权力的二重政治架构。王国维先生并没有揭示出这种观感,我们在后面会专门讲到。封邦建国是《殷周制度论》导出来的一个最重要的制度安排。

《殷周制度论》讲的第二个问题是社会秩序的重新安排。今天的中国人都有姓氏,我姓马,你姓李,他姓张,我们对此已经是习以为常。在周朝之前中国人有没有姓氏呢?现在看起来应该是没有。因为通过对甲骨文的解读,我们知道商王都是按照天干来排的,比如太甲、武丁、盘庚。这表明在商朝还没有形成以父权或者母权为轴心的稳定政治架构。没有稳定的姓氏架构,反映出社会婚姻生活的不稳定和混乱。为什么没有出现姓氏?因为不能确定稳定的家庭,只有确定了稳定的家庭,知道孩子的父亲是谁,社会秩序伦理才能建立。如果不能确认孩子的父亲是谁,那就意味着母系掌握着社会管理的实际权力。只知其母,不知其父。这当然并不意味着动荡,只是意味着社会秩序的不稳定。

周朝建立之初，周公制礼作乐是一个（大家）普遍知道的历史故事。这个礼乐制度构成了中国文明的核心，也重新规范了中国人的伦理秩序和伦理生活。其中最重要的制度安排，就是同姓不婚。表明你要有稳定的家庭生活，不能再出现原来那种混乱的婚配状态，一定要能确认孩子的父亲是谁。如果一个女性随意地和不同男性在一起，就会导致生了孩子不知道父亲是谁。这个道理很简单，很容易理解。同姓不婚制度的确立意味着家庭生活的稳定化，这是周人的一个伟大发明。我读书的时候，我们的老师特别强调周朝建构的同姓不婚制度在世界文明发展史上的特殊意义，强调这是中国文明早熟的一个最重要例证。

同姓不婚制度让中国社会伦理高度发达和自觉，这是社会意义。在这种伦理秩序背景下，中国人的道德就显得格外自觉，因为同姓不婚制度让人际关系建构起了等差秩序。人们之间的远近亲疏很容易获知。此外，同姓不婚制度还有生物学上的意义。中国人很早就认识到同姓结婚会导致智商衰退，这样的例子在农村社会比比皆是，即便我的青少年时代，村子里因为贫穷，找不到媳妇，近亲结婚的现象依然存在，但稍有办法的家庭都会竭力避免。所谓换亲，其意图之一，就是避免同姓结婚和近亲结婚。所以现在法律明确禁止直系血亲和三代以内的旁系血亲通婚。

同姓不婚制度为中国历史做出了巨大贡献，但是在周朝，同姓不婚制度还可以有效执行。等到中国进入王朝体制

第4讲 殷周制度论

之后，也就是秦汉以后，在可读的历史文献当中我们可以看到，绝对的同姓不婚又有问题了。因为中央集权体制下产生了一个帝王特权，就是"赐姓"制度。汉高祖刘邦派娄敬出使匈奴，娄敬任务完成得很好，回来请功的时候，刘邦说姓什么娄啊，不姓娄，姓刘好了，赐你个皇姓。这就导致后来中国历史当中有一些大姓，特别是和皇族有关的李、赵、朱这些大姓，要对其进行同姓不婚的限制就很难。有些姓李的人可能祖上原本不姓李，因为有功被赐了李姓，跟皇帝同姓是一种荣耀。

除了赐姓以外，中国历史上还有大量的逃姓。因为帝制时代有严酷的族诛制度，一人犯罪，可能株连三族、九族。有些人为了逃避刑罚，不但在人身上要进行逃亡式的迁徙，还要把姓改了。所以我们在讲同姓不婚制度意义的同时，也要注意到它实际执行时候的诸多问题。

《殷周制度论》另外一个重要的贡献，是强调"嫡长子继承制"。在王国维看来，嫡长子继承制是周人的伟大发明，是殷周之间的一个重大区别。商朝在王位继承上出现纷争和秩序上的混乱，主要是因为商人没有找到政治权力和财产权力继承的技术。周人找到了这个技术，认为用嫡长子继承制的办法就能解决政治权力的和平转移和财产的安全转移。

从周朝开始的很长一段时间，中国社会一直是农业文明形态，劳动力的扩展和增加是社会必备的东西，由此必然带来出生率偏高。一个家庭会生很多孩子，这些孩子将来怎继承家庭的财产是个大问题。同样，围绕王位、皇位继承进行的纷争也是这个道理。不仅是后世的皇帝时代，三宫六院七十二妃，殷周时期也是如此，不论贵族阶层还是平民阶层，稍有经济能力的都是"一夫多妻"①。如果这个人不在了，他的财产怎么转移？长子继承，诸子均分。政治权力的转移怎么来安排呢？嫡长子继承制。嫡长子不在了，依次顺位继承，就像我们现在很容易看到的英王室王位继承情形，候任的合法继承人很多，但许多人苦等一辈子也没有上位的机会。

在周朝确立嫡长子继承制之后，中国历史上围绕权力继承展开的争夺，相对来讲是比较少的。看到这，大家难免要提出反驳，因为您肯定知道唐初的玄武门兵变、明初的靖难之役、康熙末年的九子夺嫡，这些都是血亲之间为了争夺皇位展开的自相残杀，那些细节至今读起来都令人不寒而栗。但是，能被我们深刻记忆的往往是少数，这也从反面证明了中国历史上政治权力的移交总体上是和平的。中国历史上有400多个皇帝，如果再加上先秦时期的王、天子、诸侯，数量就更多了。其中发生惨烈争夺的毕竟是少数，大多数还是能实现政治权力的和平交接，因为嫡长子继承制解决了政治权力继承的次序问题。

嫡长子继承制也有一定的问题和隐患，它是一种顺位继

---

① 实为"一夫一妻多妾"。——编者注

承。长子不在了，次子继承，次子不在了，三子继承。排在后面而又颇有权力欲的人，一般需要耐心等待。如果他等不了，一定会发生问题，永乐皇帝就是一个例子。周朝建构的嫡长子继承制对政治权力继承有个次序上的安排，我们看今天的英国和日本，王（皇）位继承次序在那儿摆着呢，你就耐心等吧。英国的王位继承已经排到一百多号了，有些人根本一点希望都没有。即使这样，那些人仍然觉得自己有贵族身份，因为自己是王位继承人，这种感觉很不一样。

在经济上，嫡长子继承制导致的财产分割使中国社会一直难以出现资本的高度集聚，这一点是我在阅读梁漱溟先生的研究成果当中获得的启示。在财产继承方面除了有嫡长子继承制，还有诸子均分制。一个父亲一辈子拼命去挣钱，他死了以后，几个儿子要一起分割财产，把父亲辛苦的积累进行分解，导致财产不能高度垄断。

袁世凯总共有32个孩子，其中17个儿子、15个女儿。袁世凯死后，他的财产被分成了若干份，嫡长子袁克定继承两份，其余的儿子每人继承一份，女儿每人继承半份，这样的析产导致袁氏家族的财产不可能形成一股很庞大的力量。所以梁漱溟先生当年在他的《中国文化要义》等作品中反复讲，嫡长子继承制和诸子均分制使中国的资本一直不能得到高度的垄断集聚，中国社会一直处在自我协调、均贫富的状态。

下一个是礼乐制度，它也是在安排次序问题。周朝建国之时，周公把殷遗民集中安排到了宋国，给他们好吃好喝，集中照料，既有防范的意味，也有礼遇前朝的用心。殷遗民都有很高的文化教养，周公让他们给周朝设计礼乐制度。我们今天看到的《周礼》《礼记》并不是诞生于周初，而是后世写定的，但是其原则和框架应该在周公制礼的时候就确定了。这是经学史研究中一个很实在的问题。它表明周朝制定了一个礼仪次序，有利于对社会进行有效管理。这就是儒家强调的"爱有差等"的等级次序，而不是普遍性的无等级的绝对平等，绝对平等的社会一定是混乱的社会。礼强调等级，乐强调修养和秩序，这可能是周朝长寿的一个重要原因。

周朝长寿还有一个原因，王国维在《殷周制度论》当中也强调了，那就是井田制。20世纪二三十年代，各派史学家针对井田制有过很多讨论，胡汉民、廖仲恺、戴季陶都写过相关文章。关于井田制的实际情况，我读书的时候也搞不清楚，但它并不是浪漫的空想。我们可以想象一块正方形的土地，分成9份，中间一份是天子或者诸侯的公田，其余8份是国人的私田。国人先料理自己的私田，然后再去公田上劳作。当年我们都不太相信这种土地制度安排，哪有这么整齐划一的土地。但我们今天看美国各州之间的界线，很多还是比较笔直平缓的。为什么我们怀疑古代中国的土地划分不可能这么笔直，而美洲的划分又笔直呢？人类最初发现土地的时候，互相之间并不过于计较，斤斤计较是土地升值以后的事情。

　　在周朝制度安排中，以上几条都是王国维先生在《殷周制度论》当中表达出来的能够使周朝长治久安的内在原因。当然，后来也有很多人对此提出了不同看法，我们在后面相应的部分也会提到。

第 5 讲
天子与诸侯国：周朝制度安排

这一集的主题是周朝的制度安排，核心问题是做天子舒服还是做皇帝舒服。夏商的最高统治者称"王"，到了周朝，位于政治金字塔顶尖的是"天子"，"皇帝"这个词要等到秦始皇的时候才出现。周朝的制度安排是很理想的，对后世有很大的启发和影响。

周朝基本上是建构了一个"二重政治架构"，一重是周天子，另一重是封国制度，我时常称之为"联国制"——各个诸侯国的联盟。西周初年大封诸侯，分封了 70 多个邦国，有 50 来个是同姓诸侯，是跟周天子有血缘关系的，比如我们前面提到过的伯禽。此外，还有一些功臣，比如齐国是姜尚的封地，姜尚就是大家熟悉的姜子牙。诸侯受封以后，土地和民众都归其所有，世代传承，并且可以根据地方上的实

第 5 讲 天子与诸侯国：周朝制度安排

际需要来安排内部政治架构，发展经济，周天子并不会干涉，这种政治设计充分尊重了地方文化传统。

大家可以翻阅谭其骧先生主编的《中国历史地图集》，去看周朝的疆域，可以看到有一个核心区域。周初分封以后，又陆续有一些新的诸侯国加盟进来，那些人都是带着土地和人民来的，只是要求周天子给他一个名号。一个王朝或者其他政治体，它的终极目标应该是满足人民不断追求幸福的要求。周朝制度安排的初衷，也是想让封地上的老百姓过上安宁和谐、无忧无虑的生活。在传统农业文明状态下，并不是每个人都想着升官发财，升官发财是非常晚近的思想形态。传统中国社会，人们大多数只是求生存，无论多么艰难，都要熬下去。统治者要做的就是给老百姓提供安宁的环境。周朝的政治架构比历朝历代都要优良，在世界政治制度史上也具有典范意义。如果我们理解周朝的制度安排感到困难，就看看美国；如果我们理解美国的制度感到困难，就看看周朝。

周天子在京城里面有一块自己的采邑，他并不需要各诸侯国给他进贡来维持生计。周天子的功能不是向诸侯国征税，他是一个不需要工资的中正的调节人。他需要做到真正意义上的公正、中立，不能跟其他人发生利益勾连。只要周天子能保持这种状态，周朝就可以很平稳地运转，不发生大问题。

公元前 841 年发生了国人暴动，周厉王被赶出了镐京，因为他贪利。周朝正常运转的时候，周天子是不需要与民争利的，他在经济上对诸侯国没有依赖，他有自己的采邑。

血缘是周朝政治架构中的重要纽带，重要的诸侯国国君都是周天子的血亲，他们和周天子有种利益共同体的感觉。在这种制度安排当中，周天子的功能类似于一个裁判员，有点像农村中德高望重的老者。两家发生冲突了，找这个老者评理；两个诸侯国发生冲突了，就一起到首都去找天子评理。周天子听了之后说，这事你没有道理，你退回去。听周天子的，这事就摆平了。但是如果你根本不听，一定要打，这个时候周天子就会找另外几个诸侯一起来讨伐你，这叫主持正义，"率有道伐无道"。"礼乐征伐自天子出"，它的合理性在这儿。后来周朝制度崩解，恰恰是因为周天子没有遵循这个原则，三家分晋之后，周天子介入了实际事务。东周以后，周天子的地位开始逐步下降，因为他介入了诸侯国的内部纷争。礼乐征伐自诸侯出，天下无道，天子也就失去了意义。周天子只有保持中立立场，率有道伐无道，才能树立起威信。如果做不到这一点，周天子的威望自然就会下降。

周朝的政治架构对周边的吸附力还是很强的。商朝被推翻以后，商朝的贵族被周王室强制迁徙到了宋国，也就是今天的豫东-皖北地区。周王室派管叔对商遗民进行管理监视。殷商遗民是有文化的族群，他们在宋国传承、发展、衍生，身上始终有一种贵族气。

我有一次到淮北去上课，我说这个地方还是很不得了的，出了孔子，再往南走一下是庄子故里，再往西走一下是老子故里。那个时候它是中国文明的中心，出了很多伟大的思想家，文明在这儿发生。宋国的国君是新朝的统治者，但是它里边的成员是旧朝的贵族。其他诸侯国的情况就不一样了，像封到鲁国的伯禽，是周公旦的长子。诸侯到封地以后，是不能随意回京城的。伯禽走的时候带了大量的礼器、图书典籍和乐器，因此鲁国后来在文化发展传承上非常不得了，这和它的文化积淀是有逻辑关联的。

每个诸侯国的状况并不完全一样，但是从大的视角来看，周朝仍然保持了一个统一国家的架构。这种统一国家还不能叫帝国，但也不能称周天子为"虚君"，因为虚君什么都不能管，完全是礼仪性的。现在瑞典国王、日本天皇、英国女王，都是虚君。在重大瘟疫发生之后，英国女王发表了一次声明，之后就回到城堡里去了，她并不是在处理日常事务，她没有这个功能。同样，周天子没有权力处理各诸侯国的内部事务，周朝本身也没有那么多公务，属于"小政府大国家"。周朝中央政府并没有很复杂的机构，也没有很庞杂的日常事务管理。因此如果说周朝是个统一的王朝，好像也不一定是这个意思。因为它的中央层面没有权力管理地方事务，从某种意义上讲，只是道德的化身，为大家提供一种向心力。周朝共同体的凝聚力就在于周天子，地方遇到纠纷的时候，就会去找周天子这个老大哥，或者说尊者、长老评评理，周天子的功能并不是"虚君"两个字就能完整概括的。

我们今天把周朝分为西周和东周，但是各位一定要清楚，这是后人为了方便历史叙事做的区分，当时的人不会这样讲。包括后来的西汉东汉、北宋南宋，也是这样。在800年的历史中，周朝政治制度的运转情形不可一概而论，周天子的道德调解功能并不是始终如一的。在周朝前半段，诸侯与周天子的关系还比较近，因为都是同姓血亲，另外当时人们的需求也不是很多，所以周天子没有遇到太多的问题。等到东周建立之后，周天子就很难再像原来那样很本分地履行自己的责权了。他原本是公平的象征，当他干预诸侯国之间，特别是诸侯国内部事务之后，他的威望就下降了，调节功能也随之下降了，因为他已经缺少了公正性。这带来一个后果，那就是周王室的衰微。

周朝真正发生体制性危机的原因是诸侯互相吞并，礼乐征伐不再自天子出，这也是最令孔子感到痛心疾首的事情。孔子说："天下有道，则礼乐征伐自天子出；天下无道，则礼乐征伐自诸侯出。"进入东周，周天子不能再维持道德示范的榜样。另外，周朝发生体制性危机也和区域性的经济增长及社会发展有关。如果中央政府能很好地协调秩序，它仍然能维持一个大政治体的相对和谐与稳定，但是处理不好，就会导致强者发号施令，也就是"礼乐征伐自诸侯出"，天下无道。这个时候天子"率有道伐无道"的协调功能几乎丧失殆尽，一些强势诸侯开始"挟天子以令诸侯"。

但是我在阅读这段历史的文献时发现，有些强势的诸侯

第 5 讲　天子与诸侯国：周朝制度安排

国并没有完全摒弃道德礼法，特别是齐国。从齐桓公、管仲开始，齐国的发展一直遵循非常道德的逻辑，并且非常重视文化的传承。齐国投入了大量物力来辅助学术的发展，齐国是周朝最大的"留学生接纳国"。荀子、孟子都是稷下学宫的老师，荀子更是"三为祭酒"，三次出任稷下学宫总教习、总监督，或者说校长。鲁国，特别是孔子之后的鲁国，藏有很多周朝的文化典籍和制度性文件。鲁国觉得自己有种功能性的责任。

诸侯之间有争强，但是诸侯国也是政治实体，如果不发生兼并战争，天子和诸侯国的"二重政治架构"发展是很良性的。后来因为周天子的协调功能弱了，才出现了严重的诸侯兼并。东周晚期，秦国崛起。秦国来自周朝边缘区域，用荀子当时的分析，属于文明程度很不够的区域。于是，秦国最后用不文明战胜了文明。我们看世界史也是一样，经常是那些不太文明的、带有野蛮气息的政治体战胜了那些文明程度更高的、文质彬彬的政治体。当然，这是故事的一个方面，属于初始阶段。按照胡适的分析，文明的野蛮征服者最终依然会被被征服的文明所同化。不过这是另外一个问题了。

周朝是儒家盛行的时代，是传统中国文明教化最好的时代。对这个时候诸侯国之间发生的冲突、兼并战争，我们要有一个正确的理解。过去我们总是讲连年战争给人民带来了很多灾难，但是很多兼并战争把小的共同体给合并到大的共同体之中。在过去传统的历史叙事当中，并不一概排斥这些东西，这是正当的合并、结合。当然，传统史书当中也有一句话叫"春秋无义战"，意思是春秋五霸之间的争夺没有一个是具有正义性的，攻城略地、搜刮国人，把人民变为自己的财富。

我们在理解周朝制度安排和800年实际发展的时候，一方面要看到制度安排的初衷，另外一方面也要看到它的脆弱性。那时候毕竟还是人类文明发展的早期，理想很完美，现实很骨感，落实起来更难。在周朝政治设计中，周天子的功能很完美，但是人性的贪婪是抑制不住的。在阅读周朝历史的时候，我们转换一下视角，会得到不一样的看法。

第6讲
"轴心时代"：中国文明元典

"轴心时代"这一概念是德国哲学家雅斯贝尔斯提出来的，他在研究西方文明史的时候，认为在公元前600年之后大约800年的时间里，西方后来的思想都在这个时候发生了。后来的康德、黑格尔，无论他们讲得多么深刻、多么严密，其思想元典仍然可以在古希腊、古罗马找到，在轴心时代就已经有了。除了雅斯贝尔斯讲的之外，我们在读书的时候还有一句话，大意是在古希腊、古罗马的思想当中，都能找到后来思想的某种元素，或者说一种萌芽形态。这一点对我们理解中国学术传统和文化传统有很大的启发。中国本身也是这个样子，在公元前600年之后大约800年的时间里，中国文明也逐渐形成了。

从春秋晚期到西汉早期这一时间段，中国的思想基本上都出现了，这是中国的"轴心时代"。后世主要在做两个工作，注释和整理。从孔子以后，中国的学问一直是这样，后人不断对前人的著述进行注释和解释，并且在这个过程当中加入某种新的因素。比如我们熟悉的董仲舒，他就对先秦儒家、道家、法家等流派的思想有一个系统的整理和综合。南宋的朱熹也是利用当时他所能获取的思想资源来整理儒家经典，由此奠定了他在中国思想史和学术史上的地位。

轴心时代是中国文明史上最值得研究的时代。在此期间，诸子百家纷纷出现。这个前提条件是周朝建立之后，它有意识地把官学逐步弱化，让学术下移，学在民间。我们今天的教育机构基本上都是官学，没有私学，这和周朝之前的情况十分类似。殷周之际是一个大变动的时代，在学术结构上也有大的调整。

周朝时期，中国的知识人是凭本事吃饭的，而且是靠竞争吃饭的。因为官学不再养他们了，官学下移，移到各个诸侯国去了。诸侯国在周朝已经实体化，每个国家都可以养士。诸侯国当中养士最好的是齐国，因为齐国的国君只给知识人提供优厚待遇，但是不干预他们的研究。稷下学宫和柏拉图的雅典学院一样，有着高度的研究自由，各家各派都可以在这儿自由讲学，讲课的、听课的全都来去自由。

从汉朝的刘向、刘歆开始，一直到晚近的章太炎、刘师培、钱穆，都有一个讨论，诸子出于王官和诸子不出于王官。官学下移，学问从原来的官方性质慢慢变成半官方性质,最后变成了民间性质。有的官学转到了诸侯国,有的直接民间化,这为学术自由提供了足够的空间。

周代的知识人,很少有固定居于一个诸侯国的,他们往往在各诸侯国之间游走。包括我们尊敬的孔子也是这样,他整天风尘仆仆地带着几十个学生跑来跑去。综合各种记录,孔子总共有三千弟子,其实这个数是叠加起来的,并不是说他同时有三千个学生。我估计他每次也就招几十个学生,毕业或者说结业以后再招几十个。孔子领着学生跑来跑去,表达的是"此处不留爷,自有留爷处",他有表达言论的充分自由。

春秋战国时期,各诸侯国相互之间是竞争关系。虽然战争不断,但是多样化的政治形态给思想提供了足够自由的空间。知识人可以自由表达,因为他们有足够的腾挪空间。我们举一个最直接的例子,韩非是韩国的公子,是贵族,但是他到秦国去效力,你说他是爱国还是害国?先秦时期没这么讨论的。荀子也是在各国游走,他到秦国走了一圈,觉得这个国家很邪恶,因为他没有看到一个真正意义上的读书人。秦国有知识的人都在遵循商鞅变法以来的路线,那就是富国强兵。近些年有个叫"大秦帝国"的系列电视剧讨论过这个东西,其实在两千多年的传统史学中没这么讲的,没有哪个历史学者敢为秦国和秦朝的残忍统治唱赞歌。几千年的历史学总基调还是要讲仁爱,即使你做不到,也要讲。春秋战国时期,知识人在列国之间不断地自由游走,对此我们很难给他们轻易贴上爱国或者不爱国的标签。

官学下移，学在民间，使周朝学术繁荣起来，因为各家各派互相竞争。知识人要会读、会写，还要会讲。后边我们会讲到秦朝的焚书坑儒，汉朝的独尊儒术，可以知道，知识人不仅需要学问好，还要会说。特别是焚书坑儒，就是因为李斯会说，别人说不过他。就像新文化运动时期胡适跟林纾辩论，林纾说文言不能废，中国怎么能废文言呢？胡适问为什么不能废啊？林纾说为什么不能废，我说不出来个一二三，但我感觉文言是不能废的。胡适这一派就嘲笑林纾，你都说不清楚不能废的理由，为什么不能废啊？但是100年之后我们再反思，好像林纾老爷子讲的是对的，文言不能废，废文言使我们今天的学术表达没有了门槛。

先秦时期的思想流派能够充分发展，就是因为知识分子有自由表达的空间，最典型的例子就是孔子和少正卯打擂台讲课。听课的人来去自由，如果觉得你讲得不好，可以直接去另一个课堂。中国古代知识人面临的考验就在这儿，给了你一个自由表达的空间，剩下的就看你能不能很好地表达出来了。孔子和少正卯在一个公共平台上同时表达，讲着讲着孔子发现自己这边没人了，人都跑到少正卯那儿去了，因为少正卯善于雄辩。

春秋战国时期是一个学术自由的时代，出现了三教九流、诸子百家。各位去读《庄子·天下》《韩非子·五蠹》《荀子·非十二子》《汉书·艺文志》，还有《史记》当中的

《孔子世家》《儒林列传》，可以看到先秦时期的学术场景和学术图谱。当时各流派的竞争非常激烈，最具有代表性的是儒墨之争。墨子讲得那么好，为什么孟子还要骂他呢？墨子怎么讲？要尚同、尚贤，要用贤人，不能用佞臣；要爱人，要泛爱万物。这不就是一种博爱主义嘛，多好的思想啊，新文化运动传递的也是博爱主义。但是在儒家学者孟子看来，墨子简直是"禽兽不如"。孟子以为儒家伦理是以"我"为轴心向外推的一个同心圆，越是里面，越靠近中心，靠近自己，越与自己的关系密切。爱有差等，不可能普遍性地爱所有人。一个不能由己推及小家，进而大家，进而乡党的人，如何能治国平天下？儒家学者所强调的修齐治平次序是正心、诚意、修身、齐家、治国、平天下，由个人修炼往外推。周朝建构姓氏制度和五服制度，这种伦理次序要由己推人，用今天的话来讲，就是你要先爱自己，之后爱你的小家庭，爱你的孩子，爱你的妻子，爱你的父母；之后才能爱你的爷爷奶奶，爱你的外婆外公，才能再旁及你的表亲、远亲；之后才能爱乡党，才能再爱国家。这是儒家精神当中的爱有差等。为什么孟子说墨子禽兽不如，因为禽兽本能的爱是有差别的，再猛的禽兽它都会保护自己的孩子。所谓虎毒不食子，是也。

先秦时期的思想竞争是实实在在的，是很激烈的，孔子、孟子、荀子、庄子，都在这个时代出现了。他们这些人究竟想表达什么？其实《庄子·天下篇》对此已经有了概括，所有的争论都有一个指向，即提供一个治理国家、治理天下的方略。以己道而议天下，以己道而治天下，每一个人都奉献出自己的思想和聪明才智，来为国家和社会治理提供好的方案。所以我们去看先秦诸子，看轴心时代各个流派的思想，你会感觉到他们实际上是在从不同侧面提供一个以他们为轴心的讨论。比如说法家，秦晖、李泽厚等人认为在中国文明和国家治理体制当中，法家一直是最有力量的角色。外儒内法，法家在2000多年当中一直都在发挥作用。只是对法家的作用，大家有不同估价。有人认为法家的严刑峻法、富国强兵有其意义，更多地人认为法家的主张过于残忍甚至反人类，是中国思想遗产中最为负面的东西。儒家的情形就不一样了，尽管历史上对儒家思想也有很多批判，但在汉武帝之后的2000年，中国思想的脉络转来转去还是在儒家的框架中打转。如果从周公制礼作乐论，3000年来的中国思想主流，非儒家莫属，儒家思想实际上成为中国知识人的安身立命之所。

诸子百家的分歧是知识体系的分歧，因为每个流派继承的传统不一样。他们分歧的要点在于以自己的道，以自己所发现的学问真谛去改变国家社会的发展方向，每一个流派都想把自己的东西作为国家发展的指导思想。

先秦时期的中国知识人还是比较功利的，先秦的中国思想界没有类似于印度和西方的超常的形而上学的表达。儒家是如此，法家也是如此。道家比较逍遥一点，它想告诉人们不要去争，人生短短几十年，争什么争，一切都是假的。你看庄子，庄子多潇洒啊，《逍遥游》，还有鼓盆而歌：他的老婆死了，别人觉得很悲伤，结果庄子敲盆庆贺。为什么呢？他说，我老婆终于解脱了肉身的束缚，走到了永生的终级状态。

先秦时期思想界的图谱大概就是这种状况，更多的细节还需要各位阅读各思想家的代表作。

第7讲
春秋五霸与战国七雄

春秋五霸和战国七雄是中国历史上非常值得描述的现象，因为它们不是分裂的政权，当时中国还是一统的状态，五霸和七雄只是地方势力。五霸七雄的政治架构对当时和后来的中国都产生了非常重要的影响。

秦以后，中国历史上再也没有出现过类似五霸七雄的局面。哪怕是近代史上的洋务运动，李鸿章领导的直隶地区、张之洞领导的湖广地区、刘坤一领导的两江地区，还有甲午后的湖南，以及稍后由湖南开启的省自治、诸省联治，虽然都形成了很大的发展规模，但仍然没有在统一帝国或后来的共和架构下形成类似春秋五霸和战国七雄的政治架构。

各位可能会感到困惑，又是"霸"又是"雄"的，你那么强势，别人怎么活？小国怎么生存？其实几个大的强国，

第7讲 春秋五霸与战国七雄

它们对当时天下的状态可以说起到了很好的稳定作用。诸侯国之间的征战，并不都是为了攻城略地，抢夺财富。如果它完全为了很狭隘的利益，那这个战争就没法进行了，它一定会寻找某种价值的共同性。我们看到在春秋争霸和战国争雄的过程当中，各国都打着正义的旗号，力图占领道义的制高点。用今天的话说，就是话语权、话语优势。

周天子、周王室逐步式微，出现了几个强势国家，这是西周建立之初所没有的，也是必然的，毕竟如此辽阔的疆域，自然资源、气候环境、人文环境千差万别，发展的不平衡是绝对的，平衡是暂时的。不论各国发展如何呈现出差别、不一样，只要能大致维持周王朝形式上的统一，维持周王室道义上的地位，历史仍然可以如此延续。但是到了周朝晚期，突然出现了一个国家主义形态的军事强国——秦国，并且具有极强的野心，而且由于文明程度不够，更显得强悍无比。而东方六国，几百年的文明熏染，无法像秦国那样进行战争动员，更不可能转型为军国主义国家。于是，秦国渐渐得势，诸国渐渐屈服，"秦王扫六合，虎视何雄哉；挥剑决浮云，诸侯尽西来"。战国七雄，即周王朝的七大理事国架构终于解体，周王室最终也只好退出历史舞台，让位给这个极具军国主义特征的新国家。

各诸侯国因为地域、资源、文化传统的不同，各自的发展进度也不尽一致。在秦国驶上富国强兵快车之前，齐国发展得最快，因为它濒临大海，富有鱼盐之利。沿海居民祖祖辈辈只要把海产捞出来，再运到其他遥远的地方，就可以卖出高价，很轻松地发家致富。这是齐国等沿海诸国很不同于内陆诸侯国的地方。面向大海，春暖花开，心情也不一样。一般而言，沿海居民的眼界、胆略、想象力，均与内地很不同。那时，列国去殷商未远，悠久的殷商营商传统还有很顽强的力量，读司马迁《史记·货殖列传》，就很容易看到中国人的商业能力极为发达，低买高卖、长途贩运、互通有无、赚取差价，在当时已经相当普遍。这是遗传，也是天赋，在你这儿可交换的资源多，那你就能富起来。

鲁国也是周初第一批获得分封的诸侯国，如《史记·鲁周公世家》所说，由于特殊的关系，"鲁有天子礼乐者，以褒周公之德也"。鲁国具有悠远特殊的历史文化传统，保留、传承了很多周朝的文化典籍，所以主要发展文化产业。当年想看周朝的档案史料只能到鲁国去，鲁国保留着最完整的周朝档案，夏、商的档案也有不少。孔子能够在鲁国修《春秋》，整理历朝典籍，就是因为鲁国藏有大量的基础文献。每个国家都有自己的特色，齐国靠地利，鲁国则是以文化取胜，楚国因为占了很多南部刚开发出来的地区，资源丰富、人口稀少，所以迅速发展起来。

春秋战国时期各诸侯国发展不均衡，有富裕的国家，也有贫穷的国家。但是只要不发生过分的利益冲突，基本上是小国靠着大国，大家一起过日子。不是我们今天想象的动不动就打，动不动就打那是有毛病。日子还是要过得平平

第 7 讲 春秋五霸与战国七雄

常常,怎么能够整天都打仗?"战国"并不意味着每天都有战争,从古至今,政治实体的主要功能是保境安民。我们不要恶意地猜测古人,觉得他们总是想攻城掠地,把别人的东西变成自己的东西。每一个政治实体都会守住自己已有的东西,不会随便丢掉,也不会动不动就去抢别人的东西。这是道义问题。在大国争锋的春秋战国时代,小国也可以活得有滋有味。

从春秋到秦朝,统一是当时中国人的迫切愿望。当时的思想家们有一个基本倾向,那就是"天下定于一",《荀子》《孟子》《庄子》里面都有这句话。但是究竟定于谁,怎么定,各家的说法各不相同。孟子说:"不嗜杀人者能一之。"他认为天下应该"定于一",但不应该通过攻城略地,灭掉其他国家来"定于一",应该靠王道和正义的力量实现万民归附。至于法家的说法,我们可以读《管子》《荀子》《韩非子》《商君书》,他们都强调"天下定于一"应该叫"天下定于我",从我这儿来定。我怎么把"天下定于一",我要强大,用今天的话说就是我要强起来,之后才能够解放全人类,才能让大家在王道正义下活得有滋有味。墨家强调"尚同",不仅主张政治和社会的统一,还主张思想统一、生活习惯统一、服装统一,所有的东西都要统一。

为什么当时所有的思想家都认同"天下定于一"这个历史趋势呢?这就和我们前面讲到的治水有很大的关系,治水不是一个小区域可以做的。在春秋战国时期,并不是那几个大的诸侯国把天下瓜分了，只是它们强势而已，它们之外还有好多国家。思想家们强调"天下定于一"，因为每个国家都要面对水患这一难题。治水是中国文明的基本主题，甚至可以说是中国文明的母题，这一母题使得大家都在思考在方法论上怎么治水。在我们今天的话语里，有总体协调、全流域协调这样的字眼。春秋战国时期发生区域性水患之后怎么协调？赵国说我放水，你们躲远点儿；下游的人说，你说走就走吗，你说搬就能搬吗？

这种时候怎么办呢？天行有常，一定要尊重自然规律，尊重自然才能利用自然。平时没有水患的时候，要全流域治理才能够解决问题。春秋战国最终走向统一，很大程度上就是因为治水的要求。一直到当代，到此刻，这个主题都没有变，这也是全人类的主题。究竟怎么治水，各有各的方法，但是一定要在大的区域当中来解决，而不是就地解决，只有充分协作，才能够达成治水的目标。

我们今天去阅读诸子百家的作品，没有主张中国进行分治的。到今天为止，也没有任何一个历史学家主张分治，认为分治比统一好。有历史学家研究在分治时期中国经济的发展状况如何，在统一时期中国经济发展的状况如何。在一定条件下，可能分治时期的经济会有大的发展。比如南北朝时期，南方因为分治，经济上获得巨大发展；也因为分治，北部族群进入了中原，之后迅速地中国化。但是如果你讲分治比统一好，在事实和逻辑上都是很难站住脚的。所以诸子百

第7讲 春秋五霸与战国七雄

家在讨论的时候没人说分治好，但是他们都强调应该用自己的办法来统一，而不是用别人的办法，比如法家认为儒家的仁义道德太过虚伪。

春秋战国时期，没有人反对统一，各流派争论的是怎么统一？凭什么统一？按什么样的路径来统一？如果你想统一，首先要看看自己有没有统一的力量。在春秋战国时期，特别是战国时期，格局已经很明朗了，战国七雄。因为周王室衰微，诸侯国行政，挟天子以令诸侯，后来连天子也不需要挟了，强势的诸侯完全按照自己的意志自己发号施令，根本不需要打着天子的旗号。原来周天子受尊重的时候，诸侯想做什么事情，都要打出天子的旗号，说这事儿是周天子让我去办的，我有尚方宝剑。这就像"二战"后联合国授权。后来周王室衰微，几个诸侯国强大起来了，也就根本不需要"挟天子以令天下"这个东西了，楚国找齐国说开个会，讨论一下蔡国的问题，两国就把这个事儿给解决了。这样的情形在历史上叫作"会盟"，就像现在几个大国协商一些区域的、具体的个别问题如何解决一样。

战国中晚期，在政治家实际运作和思想家的讨论当中，都在探索强国的秘密。战国七雄到了后期，基本上是一个秦国对付东方六国。东方六国是文明古国，有很深厚的文化积淀和文化涵养，文明程度比较高。但是最后六个文明的东方古国打不过一个新崛起的秦国，最后秦国把整个中国统一了。这种统一也付出了很大的历史代价，包括东方六国在内的诸侯国全部取消，原来的"二重政治架构"消失，从上到下建立了整齐划一的郡县制，中央集权成为事实，各个地区无法再继续保持自己的特色和活力。

中国历史发展过程中存在着各种因果关系，诸侯国的发展与其资源和人才有关。从齐桓公开始，齐国吸纳的人才最多，稷下学宫是它的智库，齐国的文化水平很高。齐鲁等国给出的路径是通过结盟的方式来形成统一的大的政治单元，结成共同体。但是自秦孝公任用商鞅变法以后，秦国的扩张势头就不可阻挡，六国之中没有任何一个国家可以独自与秦国抗衡。不是不能，而是不作如是想。这就是文明与野蛮的区别，君子与小人的区别。君子不党，文明发达没有办法重回野蛮，用不文明的手段对付流氓。被列为春秋五霸之一的宋襄公有仁有义，在与诸侯争霸的过程中，依然坚守最起码的伦理原则："不鼓不成列"，不乘人之危偷袭；"君子不重伤"，不攻击已经受伤的对手；"不禽二毛"，不用对手的老人以为人质、俘虏。这些主张在中国历史上被一些人嘲讽为"蠢猪似的仁义道德"。其实仔细想想，现代战争不是也有一些必须遵守的规则吗，不是也有战争罪吗？当然，我们这儿讨论的主题是，中国需要统一，周王室早已经式微，礼崩乐坏，礼乐已经不能对秦国产生任何约束作用。礼乐征伐自诸侯出，强横的秦国就要凭借武力征服诸国，实力才是硬道理。

第8讲
过秦论

各位在中学阶段应该都读过《过秦论》，贾谊的这篇文章实际上是在分析秦朝的历史经验教训。

我们可以回想一下自己曾经接受过的历史教育，几乎所有的教材都在讲，秦始皇为中国做出了非常大的历史贡献。他统一了中国，统一了文字，统一了度量衡，修建了大量的道路。

前面我们讲周朝的时候提过，周朝并不是一个"分裂的"国家，而是一个诸侯分封的王朝，由各个诸侯王分而治之，周天子是"普天之下莫非王土，率土之滨莫非王臣"。周王朝的统一，是建立在各个诸侯国各自发展的基础上，或者说各个诸侯国是在周王朝这个统一王朝内的"分治"。既然这样，那"秦王朝建构了一个统一的国家"就是一个假问题。准确地说，秦王朝建立的是"统一的中央集权国家"，而不是一个"统一的中国"。由周至秦，一个重要的改变是什么呢？那就是把"二重政治架构"改为"单层政治架构"。

周天子下面有诸侯国，各诸侯国的政治制度、税收制度、教育制度、社会发展等方面的安排，都不是由周王朝中央层面统一下达的，而是各地方（各诸侯国）按照自身实际情况去展开的，诸侯国享有全部"治权"，诸侯王在自己的封国内就是最高的主宰者。诸侯和周王室之间并不构成所谓的共税体制，周王室本身有自己的采邑，有自己的基本税收，大致可以做到满足周王室的基本需求，而不是由各个诸侯国提供财政支持，分担费用。到秦始皇统一，秦王朝把诸侯国这个中间层架构去掉了，自此中国历史除个别时期，基本上再没有享有地方自治权的诸侯国了。

在后来2000多年的历史中，郡县制与分封制孰优孰劣，围绕这个问题一直有很大的争议。我们现在的教材普遍认为统一的郡县制是正确的，统一的治理结构的好处是不言而喻的。其实我们忽略了一个大问题：秦国虽然灭掉了东方六国，但并没有从肉体上把六国的贵族彻底消灭，重建统一之后，应该建立什么样的政治架构，秦王朝内部曾经有过激烈的争论。在秦朝的中央"御前会议"讨论中，出现了两个派别，分别以李斯和淳于越为代表。以淳于越为代表的儒生们认为，要想让秦帝国长治久安，应该建立一个复合式的国家政体，应该尊重各地的实际情况来有限度地推广郡县制。比

第8讲 过秦论

如刚刚被开发出来的周边地区，当地的文明根基还很浅薄，对这些地方，不妨推广郡县制，由中央派官员来进行管理。但是原属于东方六国的地区，比如原属于齐国、鲁国等的地区，由于周朝是封邦建国，诸侯世世代代在当地经营，它们的经济、文化、管理早已经自成体系。对这些地区，儒生们建议秦始皇采取另外一种治理体系，让这些地方继续延续它们已经近乎千年的分封架构，由各个诸侯国充分自治，就像周王朝千百年来一样，让这些地方根据它们的实际情形进行治理，在整个秦王朝广袤的疆域内，"一国数制"，千姿百态，不在治权上做统一规定，让各个诸侯国延续原来的方式，或以创新方式继续进行。

对此，秦始皇并没有表示反对，但是儒生们遇到了一个辩论高手——李斯。李斯对秦始皇讲这些人说得没有道理，陛下不要听他们胡说八道。李斯说要建构一个统一的国家，最根本的前提是要做到"天下无异意"。全国只能听一个声音，那就是皇帝的声音，不能再听其他的声音。不能让他们指桑骂槐、借古讽今、胡说八道地议论朝政，要统一意志、统一言论、统一思想。

当时如果能建立起一个多元的、复式的国家体制，秦朝还会二世而亡吗？这个问题不是我的独创，《过秦论》中就有类似的分析。贾谊说，如果让新统一到秦王朝下边的老的诸侯国日子还像过去一样，只不过是周王室变成秦王室，他们还是他们。那在一定的历史条件下，这些人一定会揭竿而起去推翻秦王朝吗？我们的教材都说秦始皇建立全国统一的郡县制是历史的进步，但我们实事求是地分析，这其实是秦王朝二世而亡最重要的一个原因。

所有的最高统治者都有一种私心，李斯描绘的"极端国家模式"更具有诱惑力，更对秦始皇的胃口，所以他选择了李斯的道路，但是这条道路的终点却是二世而亡。

明清之际的黄宗羲和近代的谭嗣同，他们都讲中国政治历史的本质就是秦制，而秦制就是秦始皇、李斯主导建构的秦王朝的政治架构。这种政治架构可以追溯到秦孝公时期，他任用商鞅主持变法，开创性地建立了一个强中央的、对人民进行严厉管制的政治架构，后来的联保制度、保甲制度，都源于商鞅推行的变法。虽然商鞅自己没能逃脱严刑峻法的处罚，被车裂而死，但是我们今天的历史表达仍然强调商鞅变法使秦国达到了富国强兵的目的，迅速发展起来。

之前我们讲"中国文明元典"的时候说过，荀子到秦国游览一番之后，觉得这个国家将来没有出路，因为它没有文明，没有儒生，所有的政治异见全部被屏蔽掉。它追求的只是一种动物本能，我强大，然后干掉别人。

东方六国和秦国有一个本质性的差别，东方六国是文明古国，秦国则是新兴的国家，有很强的功利主义色彩，它遵循的原则是"进化论"，是弱肉强食的"丛林规则"。野蛮的秦国对抗文明的六国，野蛮对文明，一定是野蛮胜利，文明失败，在全球史的背景下，这样的例子不胜枚举。秀才遇

第 8 讲 过秦论

到兵,有理说不清,不但说不清道理,一旦双方动起手来,输的肯定是秀才。文明和野蛮在对冲的时候,一定是文明输,但是文明最终会战胜野蛮。胡适说过,征服民族最终一定要被被征服民族的文明所征服。这句话主要针对的是清朝历史,满洲人入主了中原,但最后自身被同化,完成汉化过程。在中国历史上这样的例子还有很多,秦朝是如此,南北朝时期的很多政权也是如此。

除了政治上的统一集权和专制主义以外,文化上的专制主义也是导致秦朝二世而亡的重要原因。

前面我们讲过,轴心时代的特点是各个流派都在这时衍生出来。秦始皇统一六国之后,进行了一个反向操作,虽然使秦王朝之后的汉初衍生出了新思想,但在当时造成了严重的后果,使儒家学说遭到灭顶之灾,这就是大家熟知的"焚书坑儒"。

"坑儒"并不是见到儒生就抓,一个不留,全部干掉。文化专制在中国历史上出现过很多次,文化专制并不是把所有的知识分子都一刀砍掉,但它一定是一场文化灾难。在坑儒事件中,被"坑"的有 460 多人,其中并没有多少熟读经史的饱学之士,更多的是刻意迎合统治者的小人,或孔子说的"小人儒",身上有很重的江湖气。秦始皇妄想长生不老,到处求仙。有些小人儒就迎合他,告诉他东海有仙山,仙山上有仙草,然后以替秦始皇求仙草为名要求一笔庞大的预算。然而并没有仙草,求仙无果让秦始皇很生气,他抓了一批人，然后处死。秦始皇曾经审问侯生和卢生，说你们怎么不给我求仙草就跑掉了？侯生和卢生说求什么仙草啊，都是假的，你这个秦朝注定要灭亡的。秦始皇问还有没有救？他们说没救了。秦始皇说没救你们为什么不早说？卢生说我老早就想说，但我要是早说，当时就死了。我现在说是因为我现在必死，我死前要把这个事情说出来，秦始皇沉默良久。

焚书也是秦朝的一件大事，李斯建议秦始皇，除了医药、卜筮、种树方面的书籍以外，其他的传世典籍统统烧掉。焚书是中国历史上最大的一次文化灾难，使各个学派特别是儒家典籍受到了毁灭性的打击。但是有一些历史性的典籍，放在了秦朝的"中央档案馆"备查。如果人们还想学什么东西，那就"以吏为师"。

秦朝的14年是折腾的14年，整个王朝折腾来折腾去，最后走向了终结。之后刘邦乘势而起，开创了汉朝。西汉初年，刘邦分封了一批同姓诸侯王，很大程度上是鉴于秦朝速亡的历史教训。秦朝构建的是单一的中央集权国家，是中国历史上最残忍的政治架构，它想管住一切。

在秦朝以后的中国历史叙事当中，从贾谊到陆贾，再到司马迁、司马光，基本上没有人认同秦始皇的极端专制主义。

"大秦帝国"系列电视剧是有问题的，因为衡量一个国家的最终标准是它能不能让人民感到踏实。经济的落后是时代原因造成的，我们今天有很多人必须自己开车，坐公

第 8 讲 过秦论

交、地铁就感到不舒服，但是在一个世纪之前，根本不存在这个问题。经济的标准是按照时代来考量的，但是精神自由与否，其标准在任何时代都是一致的。我们从这个角度来看的话，在千百年中国历史学的叙事当中，很少有人敢正面肯定秦王朝，也就不足为怪了。虽然秦王朝施政的某些客观结果给我们留下了文明遗产，比如秦始皇陵、长城，但是我们能因此认同秦始皇当年做这些东西吗？我们不能从小的视角来评估历史，而是要切换成大视角，这样才能正确衡量一个王朝的好与坏，也许当时人民的直接感受是最重要的评判尺度。历史主义地讨论秦王朝的一些兴作，比如修长城，这确实留下了一个举世罕见的文化遗产，但是如果从历史的视角观察，从修长城的那些人，比如孟姜女和她的丈夫的视角进行观察，我们必须承认这是一个非常残忍，是超出时代所能提供的事情。无数的生命因此而消失，累累白骨堆砌起了一个文明遗产。秦王朝不亡，可能吗？

第 9 讲
秦汉帝国：中国框架之大致形成

秦始皇为统一中国，耗费了很长的时间。统一战争结束之后，秦始皇开始巡幸天下，看看自己东征南讨的成绩，弄清自己国家的边界在哪儿。秦始皇是在巡游途中死掉的，之后没几年秦朝就灭亡了。

秦朝二世而亡主要是因为它的暴政，太残忍了。秦朝大概有1000万—2000万人口，重大工程动用的劳动力是多少呢？秦始皇陵动用了30万—50万人，修筑了几十年，修长城也动用了几十万人。一个人口最多2000万人的国家，常年有几十甚至上百万人在修筑工程，这个国家不是要完了吗？这毫无疑问是暴政，老百姓不堪重负。更重要的是从秦孝公任用商鞅主持变法以来，秦朝建立了非常严酷的刑罚制度。陈胜、吴广为什么要起义？大家可能都学过《史记·陈涉世家》，里边说："会天大雨，道不通，度已失期。失期，法皆斩。……今亡亦死，举大计亦死；等死，死国可乎？"不能按指定日期到达指定地点，就要被处死，可见秦朝法律的严酷性，一点儿小的错误就可能要被处死。与其延期被处死，不如揭竿而起，万一成功了呢？

从商鞅开始，秦国建立了严厉的法家治理方式，法治是好的，但是也要看统治者制定的是什么样的法律。如果用恶法来治理国家也算法治的话，那秦朝就是法治国家。但我们今天去回望历史，秦朝并不是法治国家，它并不是依法治国，而是在以法制民，用非常严酷的法律来管理老百姓。依法治国的含义，是所有人都必须在法律的框架里，不存在超越法律的特殊人。仅仅是以法制民，那根本就算不上法治。恶法非法，来自法家理论的驭民术，距离法治还有很远的距离。

我们可以设身处地地想一下，假如我们自己当年也在陈胜、吴广的队伍里，面临"失期，法皆斩"的处境，会不会跟陈胜吴广一同起事？答案是肯定的。秦朝用严刑峻法来治理百姓，最后的结局只能是天下崩解。当然，除了暴政之外，秦二世而亡也和原来的国家建构有关。

秦王朝结束之后，又经过了几年的楚汉战争，最后刘邦战胜了项羽，赢得了天下。刘项之争也算是野蛮人和文明人的较量，最后当然是野蛮胜利。面对刘邦的流氓属性，项羽很多时候真的是没有办法。项羽抓住刘邦的老爷子，逼他投降，如果不投降就把老爷子杀了煮汤。刘邦说咱俩是兄弟，我爹就是你爹，你把我爹煮了之后，记得给我留一碗汤。刘邦的这种流氓无赖式的语言、气质，确实无可战胜。项羽是个悲剧英雄，他身上有一种先秦时期的贵族气质，在现实政治中他玩不过刘邦这样一个来自底层社会的流氓无产者。刘邦已无可再失去的财富、尊严，底层的流氓无产者只要足够流氓，就可以随心所欲，得到他们想得到的一切。只要坚持，只要有足够的韧性。

刘邦集团差不多都来自底层社会，刘邦在反秦前只是一个亭长，相当于现在的协警，连编制都没有。刘邦集团当中最有涵养的是萧何，但他也只是县衙里的一个主吏掾。刘邦率军进入咸阳后，别人都在抢财物，萧何却去搜集秦朝有关户籍、法令的档案。由此就足可窥见萧何的远见卓识，也可反衬刘邦军功集团的浅陋、无知、无识。

汉王朝建立之后面临一个大问题，那就是如何建构政治制度以实现长治久安。在一些年的征战中，刘邦身边也逐渐汇聚了一些知识人。刘邦一开始很瞧不起这些人。刘邦见郦食其的时候，"倨床使两女子洗足"；跟知识人谈话的时候动不动就破口大骂。儒家要做的不是迎合统治者，不是皇帝胡说八道，然后儒生去做一个哲学上的解释，真正的儒者要做的是驯化统治者。陆贾劝刘邦多读点书，不要老是喝酒聊天。刘邦说，老子在马上得到的天下，哪用得着看书？陆贾说，可以在马上得天下，未必可以在马上治天下。刘邦听了

第9讲 秦汉帝国：中国框架之大致形成

以后感到有些惭愧，他让陆贾总结秦为什么失天下，自己为什么得天下。之后，陆贾写成《新语》，进献给刘邦。

《新语》是第一部总结秦亡汉兴历史经验教训的著作。陆贾认为秦朝之所以亡，是因为残暴，不行仁政，不按照儒家的指导来建构理想社会，而是实行极端的专制主义。后来又有了贾谊的《过秦论》。这一系列分析使汉初统治者受到很大的触动。从刘邦到文帝、景帝，汉朝逐渐形成了自己的统治风格——无为而治。所谓无为而治，是指最高统治者要无为，不要整天忙忙碌碌，大事兴作；你无为，你的臣子才能有为。一个整天不停发号施令的统治者，可以是好人，但绝对不是一个好的统治者。

20世纪70年代，马王堆汉墓出土了一批黄老文献，从那里面可以看到，汉初的黄老之学就是要求统治者不要瞎折腾。经过几十年的休养生息，到汉武帝时，汉朝国力达到鼎盛。《汉书·食货志》有这样的记载："至武帝之初七十年间，国家亡事，非遇水旱，则民人给家足，都鄙廪庾尽满，而府库余财。京师之钱累百巨万，贯朽而不可校。太仓之粟陈陈相因，充溢露积于外，腐败不可食。众庶街巷有马，阡陌之间成群，乘牸牝者摈而不得会聚。"这表明经过几十年的清静无为，社会元气得到了恢复。一是因为刘邦重建了统一的帝国，二是因为汉初实行轻徭薄赋。秦朝赋役沉重，有长城、秦始皇陵等大型工程。在武帝之前，汉朝一直没有太大的工程。汉王朝呈现出的新帝国气象，某种意义上是汲取了前朝的教训。

我们不能因为秦朝二世而亡,就将它彻底否定。秦政虽然残暴,但依然给后世留下了正面遗产,最重要的是中央统一管辖的郡县制。我一直强调国家建构的复合性和多元性,但必须承认中央统一管辖也有它的正当性。比如当时的一些边远地区,如果一定要让其自治,他们未必能够很好地进行自我管理,而且有可能形成割据势力。对这种地方,实行中央直辖的郡县制,将中心地带的先进文明移植过来,或许更具有合理性。这就是以夏化夷,或者说是东方式的旧殖民主义。这与后来的西方殖民主义有同有异。在大格局上,刘汉接纳了嬴秦的政治遗产,汉承秦制。

秦王朝建构的是单一政治模式,分天下为三十六郡,由中央派人员下来进行管理。汉初,并没有像秦朝那样建立单一的郡县制,而是进行了一些调整,在继承郡县制的同时,允许一些诸侯国的存在。现在关于两汉行政地理的研究已经有很多成果,可以看到当时建构的是复合形态的政治架构,适合郡县的就郡县,适合封建的就封建。郡县封国并行,使当时的社会管制呈现出多样性。西汉初年建构了一个多元化的国家形态,但是很快发生了七国之乱。这表明中央和地方之间的责权利分配还没有得到完整的制度性消解,究竟在制度上应该怎么来安排,还是没办法解决。

虽然七国之乱很快被平定,但也遗留下了很多问题,在后来的2000年当中都比较麻烦。等到差不多1000年以后,

第9讲 秦汉帝国：中国框架之大致形成

柳宗元写了《封建论》，讨论中国应该建立什么样的政治架构。17世纪，顾炎武、黄宗羲继续讨论这个问题。清末，湖南等地出现了地方自治思潮，20世纪20年代又发展为联省自治思潮。章太炎对此也有讨论，仍然是鉴于从秦朝以来中央和地方权限的不协调。究竟怎么来解决这个问题？在中国历史上，关于中央、地方的责权利如何安排，一直存在着分歧，始终无法得到妥善解决，从而不是地方主义坐大、尾大不掉，就是中央集权严重，窒息了地方的活力与生机，进而引发地方的反叛。

先秦时期，各个诸侯国的官员选拔呈现出多样性。有的采取考试的办法，有的采取察举推荐的办法。但是总体来讲，先秦时期诸侯国当中有这样一条原则，那就是国君视封国为私有。他们都追求长治久安，因此需要吸纳真正的有用之材。孔子的弟子子夏说过"学而优则仕"，这条原则在各个诸侯国都得到了贯彻。

汉朝建立之后，仍然遵循学而优则仕的原则，一定要让有真才实学的人当官。但是怎么来找到有真才实学的人呢？汉朝选拔人才的基本制度是察举制度。"察"是从上而下的考察，"举"是从下而上的推举，是领导考察和群众推荐相结合。察举制度是从先秦某些诸侯国那里继承过来的，它使汉朝的人才选拔处于可管制状态。汉朝有很多著名人物都是通过察举做官的，像汉武帝时期的丞相公孙弘。公孙弘60岁的时候还在放猪，当地的老百姓都说我们这位公孙爷很厉害，学问好得不得了。朝廷知道了之后，派人把他调到首都，汉武帝对他进行了考察，一看这老头儿真的不错，就把他留下了。公孙弘曾经出使匈奴和西南，还和董仲舒一起推崇儒家，使其成为官方意识形态。公孙弘成为中国历史上最著名的"布衣宰相"。

董仲舒、公孙弘等人大力推崇儒家，因为经过几十年的休养生息，黄老之学的无为而治方略使社会经济得到了很大发展，官府和民间积累了大量财富，但是未来的国家建构应该怎么走呢？应该一直保持这种无为的消极状态吗？汉武帝看到国家有这么多的财富，慢慢有了雄心壮志，或者说是虚骄之气，觉得自己应该有所作为。

登基之初，汉武帝通过"举贤良方正"招贤纳士。汉武帝对入围者的面试，有点类似于今天的命题作文。以董仲舒为例，这些资料保存在《汉书·董仲舒传》中，汉武帝问国家现在应该怎么发展，董仲舒连对三策，这就是历史上有名的"天人三策"。董仲舒认为现在应该建构一个以天子为中心的全方位的体系，重构社会结构。"天人三策"和《春秋繁露》中写了很多具体方案，大致而言，董仲舒通过对孔子以来全部思想资源的整合，重建了一个基于宗法伦理、农业文明的新体系。在这个新体系中，以天子为中心，整个社会是一个闭合系统。天子至高，但并不是无上。天子是"天之子"，"天"才是至高无上的，"天"是谁？"天"是百姓，是默默无闻、不会发声的百姓。这是董仲舒最重要的一个

第9讲 秦汉帝国：中国框架之大致形成

定义。百姓不会发声，谁来替他们发声呢？董仲舒认为是士大夫阶层。这样就使社会结构形成了一个闭合的循环系统，天子是人间至高的统治者，但又不是无所顾忌、无所约束的神，那些默默无言的百姓才是最高的，具有决定意义的力量。董仲舒建构的这个人间权力系统，影响了中国社会2000年。五四时期，董仲舒成为激进主义愤怒的对象，并不是毫无来由。

董仲舒推崇儒家伦理，他建议汉武帝"罢黜百家，独尊儒术"，像法家、墨家、道家，统统都应该罢黜。但是我们可以看到，在罢黜其他学说的同时，董仲舒对儒家学说进行了全新的改造，让儒家包容了其他流派的学说。董仲舒建构的儒家新形态叫作汉代新儒家。阴阳五行在战国时期是一个单独的学说体系，代表人物是邹衍。董仲舒把阴阳五行学说吸纳到他的体系当中来，他说人们的作为都有一个天人相与之际。你所做的事情也许能瞒过所有的人，但是天知道，天会有所表现，这是"天谴告"说。一个最典型的案例，高祖庙发生了火灾，董仲舒得知后连夜写了封奏折，他说，陛下你知道为什么高祖庙着火了？汉武帝说不知道。董仲舒说，因为你做事缺德，你必须要检讨。所以我们才看到了中国帝制时代的特殊产物——罪己诏。

皇帝为什么要罪己？因为他的施政出了问题，不祥的天象或者水旱地震等自然灾害，都是老天发出的警告，这是"灾异论"，"二十四史"中有很多类似的记载。这是一种人造宗教，其实是一种心理暗示，对皇帝有所制约。当然所有的宗教都有心理暗示的成分在里面，算命也是这样。董仲舒特别强调"天谴告"说，其实是借鉴了阴阳五行的理论。汉武帝时期的新儒家把其他学说容纳进来，然后独尊儒术。根据中国历史的经验，如果一种理论想成为一切学科的指导思想，就应该容纳一切学科的合理因素。董仲舒建构的汉代新儒家体系，把所有的思想都容纳了进去。刚才举的是阴阳家的例子，墨家的平等思想和泛爱主义，董仲舒也有吸纳，他的《春秋繁露》是一个很值得研究的思想宝库。只有建构一个开放的可以包容一切思想精华的体系，才有资格说是社会的主导思想，狭隘的、偏执的思想，不足以成为一个时代的引领者。后世学者以为中国思想的特征是儒法并用、内法外儒等，其实都是董仲舒将先前思想汇为一炉的结局。一个包容的儒学，让其他学说很难再有独立存在的空间。

董仲舒建构新儒家还关联到一个学术史的问题，那就是今古文之争。焚书对儒家来说是个灾难，同时制造了很多儒学史上争议持久不断的学术命题。先秦时期的作品篇幅都不是很长，当秦始皇焚书令传出，那些儒生虽无力抗争，但有儒生凭借惊人的记忆力，把那些作品背下来了。除非杀了他的头，否则没有办法将儒家经典全部禁绝，因为禁书者也不知道哪个人肚子里有全本的儒家文献，你毕竟不能将全部读书人都砍头。一个最典型的案例是《尚书》，它是夏商周三代留存的档案文献，一共29篇。《尚书》没有逃过秦火，但当时有个人叫伏生,他是济南的一个儒生,他把《尚书》背下来了。

汉初废挟书律,各种图书开始出现。汉文帝知道伏生之事后,派晁错去找他,争取把《尚书》笔录下来。当时伏生年纪已经很大了,吐字未必清晰,而且说的又是方言,他说的和晁错记的能否做到完全一致,也值得怀疑。晁错记录的版本是今文《尚书》,因为它是用当时的通行文字,也就是小篆记录的,成为时人研究夏商周三代历史经验教训的底本。汉景帝时,鲁恭王为了扩展自己的宫殿,大兴土木工程,重建孔子旧宅,于施工过程中在墙壁里发现了秦统一之前用大篆写的《尚书》,这就是孔壁古文《尚书》。

古文《尚书》和今文《尚书》差别很大,解读也不一样,慢慢形成了儒家学说的今古文差异。周朝官学下移,秦汉王朝建立以后,官学地位上升,学问设在中央,今古文在中央形成了一种利禄之争。西汉在中央设五经博士,《诗》《书》《礼》《易》《春秋》,每个经在官学中有固定的编制。本来是今文经学成为当时的官学,但是鲁恭王毁孔子旧宅后,又形成了古文经学。刘歆认为古文经学更可信,一定要给古文经学设博士,这就形成了今古文之争。今古文之争在汉朝拉锯了几百年,长期不能消解,直到东汉末年出现了一个大儒——郑玄。郑玄"平今古文之异",把双方的合理部分进行了吸纳,重构了一个新的形态。今古文之争是汉朝重要的学术争论,属于儒家内部的争论。汉朝的儒家不是要背叛先秦儒家，而是要进行重构。

在秦汉王朝大帝国政治格局下，中国本土文明资源已经全部整合完毕，后世中国所涵盖的本土区域的差异性文明再也没有孔子所见的地域性，中国文明精神也在这个过程中重整。先前的东夷、西戎、南蛮、北狄合众为一，区域性特色成为后世中国文明的多样性、多元性，而一个基于整个大帝国的文明形态于秦汉帝国基本上建构起来。中国文明走完了第一阶段，从混沌无序走上了帝国政治秩序。这是中国历史的一个重要阶段，从后来的观点看这是中国文明最纯洁的时期，还没有杂糅外部因素。但从中国文明内部看，它杂糅整合了先前看似极为对立、水火不容的诸子百家。由此，既有主题思想，又呈现丰富多样性的中国文明将要面临更加复杂的挑战。

第10讲
合久必分：汉帝国解体

现在很多研究者认为秦汉王朝是中国的"第一帝国"，前后400多年时间（公元前221—公元220年）。东汉亡，第一帝国解体，之后经过了大约400年的动荡"分治"，进入了隋唐时期。隋唐与秦汉有很多相似之处，也是先建构了一个短命王朝——隋，再建构一个存续时间比较长的唐帝国，现在研究者称隋唐时期为中国的"第二帝国"时期（581—907年）。

从全球史视角看，第二帝国已经超出了原来印象中的"中国帝国"，把很多原来概念中的非中国成分拉了进来，成为一个"世界性帝国"。因为在南北朝分治时期，北方族群的很多东西被吸纳进来，这些东西中相当一部分并不是中土所固有的，但经过几百年冲突融汇，渐渐成为中华帝国不可或缺的组成部分。

唐朝灭亡后，中国进入五代十国时期。五代十国之后的宋朝并不是统一的王朝，它只是"宋辽金分治时期"的一个地方政权，因为它当时统治的区域小。而且那时的宋朝虽然与西夏辽金几个政权相冲突，但并没有称这些政权为"伪"国。在某种意义上说，这几个政权各为正统，视对方为敌国、对手，并不是法统意义上的正与伪。等到元朝统一中国，官方组织修史的时候，分别编了《宋史》《辽史》和《金史》，相当于把宋、辽、金都看成了独立的政治实体。"各为正统"，这是中国历史学上一个创造性的解释，避免了许多不必要的争议，也更合乎历史事实。

宋、西夏、辽、金的分治结束以后，在13世纪形成了中国历史上的第三帝国（1271—1912年[1]）。第三帝国也是先经过一个短暂的王朝试验，试验的主体是元帝国，元前后不到100年的时间。元帝国解体后，建构起来的是基本上可以连为一体的明清大帝国。

我们看三大帝国的衍生历史，新帝国的四至总要比之前更大，中国的疆域就在这样的统一帝国与分治交织的状态下增长着，从本土核心区域不断向外溢出、扩张，不断地把周边吸纳进来。分久必合，合久必分，这是中国历史运行的大致规律。这个规律不是预先设定的，而是实际运作出来的。

---

[1] 1912年为清帝溥仪正式逊位的时间。

第10讲 合久必分：汉帝国解体

这是我观察中国史大趋势的一个视角。从这里可以看出，如果历史地讨论我们民族国家的历史，就不是简单的"自古以来"，而是历史地、具体地分析每一个时期、每一个族群在这一历史进程中的贡献与意义。

秦王政实际掌控秦国权力以后，开始穷兵黩武，不仅掠夺本国人民，更是给六国人民带来了深重的灾难。秦灭六国后，又开始了长达十四年的暴政。这样算起来，当时天下的百姓被蹂躏了二三十年。汉朝建立后，刘邦面对的是一个人民久经专制之苦、天下残破的局面，这是历史给他的机遇，更重要的是有一个好的班底来辅佐他。

萧何是刘邦的第一合伙人，他主管西汉王朝的财政。在处理社会经济发展问题的时候，他的头脑十分清醒，知道国家要想长治久安应该怎么做：不要劳民伤财、大事兴作，不要瞎折腾，应该与民休息，让人民安静就是最大的仁政。萧何当时尊崇黄老的无为而治，废黜严刑酷法，废黜挟书律，让思想重新获得自由发展环境，为后来儒家思想成为统治阶级意识形态提供了可能。如果刘邦、萧何等人不给思想创造一个宽松的环境，汉武帝时期儒家学说恐怕很难成为统治学说。

刘邦临死前，吕后问他："陛下百岁后，萧相国即死，令谁代之？"刘邦说，曹参可以。吕后问，曹参死了呢？刘邦又说出了王陵、陈平、周勃这几个名字。吕后又问这些人死了以后呢？刘邦说："此后亦非而所知也。"在跟随刘邦打江山的革命集团中，有一批治世的能臣，在这些人的努力下，汉初获得了一个比较稳定的内部环境。

秦汉时期的外部环境不是很好，在北方，游牧族群匈奴逐渐强大起来，开始频繁扰边。汉朝面临着怎么和周边族群相处的问题。公元前200年，刘邦率军迎击匈奴，结果被困在平城白登山七天七夜，险些全军覆没，幸亏陈平用计才得以解围。后来娄敬给刘邦出主意，虽然咱们打不过匈奴，但可以依靠"文化软实力"，可以和亲。

娄敬给出的理由很简单，你现在跟匈奴单于是敌人，但是把女儿嫁给他之后，他不就成你的女婿了嘛，他们生的孩子不就是你的外孙了嘛，再过几代之后，不就成一家人了嘛。在中国文明的柔性整合中，通过和亲的办法去解决周边困扰，从汉初到晚近，一直都有，只不过我们一般人只知道王昭君和文成公主。

汉朝在处理周边事务的时候，还有几个很厉害的角色，比如我们前面讲过的公孙弘。公孙弘出使匈奴和西南夷，陆贾出使南越，他们靠自己的三寸不烂之舌，完成使命。秦汉时期，周边地区开始和中国发生关联，此后随着历史的发展逐渐本土化。中国就是从弹丸之地慢慢整合起来的，整合的原因主要是治水等公共利益的需要。我们看秦汉王朝对南越、匈奴等地的出使，知道那时候的中原王朝也有通过外交解决问题的时候，当然外交本身也要有实力来作依托。除此之外，秦汉时期还有依靠实力的征伐，比如张骞的"凿空"，

第10讲 合久必分：汉帝国解体

打开通往西域的通道，以及班超对西域的经营。汉唐时期丝绸之路用事实表明，中国是自由贸易原则最早的践行者。

中国很早以来实行重农抑商，但同时又是个重商主义国家。如果我们不实行自由贸易原则，又怎么会派张骞、班超到西域去呢？同时我们要注意到，贸易自由原则背后有实力来作依托，不带着马队和武器是不可能的。

通过各种途径，迅猛发展的秦汉王朝对周边的影响力逐步扩大。到了汉武帝时期，前面几代皇帝的积累，以及武帝本人的雄心壮志，促使汉王朝四处征伐、开疆拓土，汉武帝成为后世皇帝的楷模。但连年征战也损耗了国家的元气，武帝死后，汉朝开始衰落。

秦汉王朝一直无法解决外戚和宦官问题，而且最后拖死汉帝国的就是外戚和宦官。周朝建立宗法制度，形成了以男性为主导的传承体制，为了保证帝王血统的纯洁性，在宫内服务的男性必须"去势"，成为"阉人"。先秦时期，在某些诸侯国里已经出现了宦官。人是有感情的，久而久之，宦官和帝王建立了某种特殊关系。

汉朝建立后，刘邦曾经与大臣们约定"非刘氏王者，天下共击之"。刘邦死后，吕太后想把刘家的天下改成吕家的天下，这引起了军功集团的反对，陈平、周勃等人联手剪灭诸吕。文景时期，政局相对平稳。汉武帝是雄才大略的君主，他早年受他的祖母窦太后牵制，对外戚颇为忌惮，所以临死前赐死了昭帝刘弗陵的生母钩弋夫人。元帝以后，外戚王氏势力逐渐抬头，最终衍生出王莽篡汉的一幕。东汉从和帝开始，皇帝继位时年龄通常比较小，朝政往往由太后主持。太后一介女流，遇事难免拿不定主意，又要依靠父兄，外戚逐渐专权。小皇帝长大后，对外戚专权不满，要想夺回权力，只能依靠身边的宦官。这样在东汉中后期，出现外戚和宦官交替专权的局面，双方在中央朝政形成拉锯。

在第一帝国时期，已经有人在思考外戚、宦官等问题，比如班昭写过《女诫》，告诉人们怎么做淑女，怎么做一个有教养的高等贵妇，但是当时的政治家们还没想到制衡外戚和宦官的手段。

外戚和宦官把中央行政层面搞得乌烟瘴气，地方上则形成了豪门大族的庄园经济。土地的自由买卖、兼并，土地产权的事实上私有，慢慢形成了很多富甲一方的豪强地主，这些豪强地主的领地俨然是一个小的封国。东汉的豪族经济实际上是从中央财政脱离出来的新的地方经济形态，这种状况一直延续到了南北朝时期。

东汉政治可讲的东西还有很多，比如清议的发生。清议之风是从先秦时期自由讲学衍生出来的，到了东汉晚期，看到外戚、宦官交替专权，读书人感到很不满。读书人虽然不满，但是他们不会造反，只能在学宫里面闹，遭到了残酷镇压。何休、郑玄都曾经遭到长时期的迫害，画地为牢、监视居住，党锢之祸是非常残忍的。

东汉的文化专制长达100年，统治者限制知识人的言论自由和人身自由，以为这样就可以毁灭知识人。高人永远是高人，何休被禁锢18年，他没有一天到晚地去抱怨和抗争，而是潜心研读《公羊传》，写出了《春秋公羊传解诂》。通过何休这本书，后人才能够读懂《公羊传》当中所表达的意思。

对有作为的个体来讲，文化专制是毫无意义的，你的专制反而成全了我。当然并不是每一个被专制的人都能够达到这种境界，何休是一个案例，另一个代表人物是郑玄。郑玄在被禁锢的20年时间里，把当时能搜集到的传世作品都研读了一遍，兼通各家各派，糅合古今，遍注群书，不局限于一家一派，形成了中国学术史上最负盛名的"郑学"。中国典籍如果没有郑玄的整理，后人很难读懂先秦时期的作品。我认为中国学术史上的伟大人物至少有孔子、郑玄、朱熹、章太炎四人，因为他们都是在整理前人的全部作品后，给出了一个总结性的考量。只有弄懂了前面的全部问题，才能指导未来新学术的开辟。

第11讲
分治时代：一个中国，各族共建

东汉的后100年，统治集团内部已经有了很复杂的冲突，比如士人和官僚集团的冲突，外戚和宦官的冲突，政治秩序相当混乱。

仅从经济生活而言，东汉的豪族经济、士族经济、庄园经济有了很大发展，形成了很多大宅子、大院子，有的豪强集中了千亩甚至万亩良田。从阶级分析的角度出发，我们认为这种集中是不对的，但是从社会实际发展情况来看，可能还不尽然。

魏晋南北朝时期从东汉解体、三国出现，一直到隋朝重新建立统一，这个过程差不多有400年的时间。在过去的历史表达中，这400年被称为魏晋南北朝大分裂时期。通过这些年的研究，我觉得我们不应该这样去描述这段历史。我觉

第11讲 分治时代：一个中国，各族共建

得提出南北朝处于分裂时期这个看法的人，他可能是中原地区士大夫的后人。把南北朝说成分裂时期，好像是在讲一个悲情故事，给人的感觉好像北方都是蛮族——"五胡乱华"。我们在讨论魏晋南北朝甚至隋唐历史的时候，如果不能走出原来狭隘的所谓"汉人中心论"，不能从一个超越的立场看待过去，就很难找到对历史真切的感觉。

魏晋南北朝不是分裂时代，而是分治时代。不论是魏蜀吴、五胡十六国，还是宋齐梁陈，只要处在不同政权的时候，大家就是分开治理。分开治理并不是分裂，更不存在正统史学里面讲的"我是正统，你是伪"的说法。我在历史研究中最不能接受的就是随意定义正和伪，当然我老师那一辈的学者，他们对正统和非正统还是比较计较的。我觉得这种立场不是人民的立场，什么是人民立场呢？是看在某个历史时期里，老百姓日子过得怎么样，能否维持基本的温饱，是否有一定的政治自由和言论自由，这是判断一个时代好坏的标准。我想从这个角度来讨论南北朝时期的历史，它是一个分治的时代，是"一个中国，各族共建"。

在大历史叙事当中，应该承认分治时代各个政权的正当性和合法性。等到隋唐重建统一的时候，之前的五胡十六国、宋齐梁陈这些分治的主体，全都糅到一个新的大熔炉当中去了。这和先秦到秦汉的历史发展趋势颇为相似。先秦时期万国林立到秦汉一统，把原来想象区域的中国全都整合到一起去了。先秦是中国的形成时期，秦汉是中国的重构时

期，魏晋南北朝是中国的再重建时期。

分治状态不一定不利于社会进步。有的历史学家持绝对统一论，认为再不好也要统一，因为毕竟是一家人，分开不好，这个说法我是不太认同的。魏晋南北朝的分治，使各个地方都能保持自己的活力，还可以给后来的研究者提供比较的空间。我们读《三国志》，可以看到三个政权各自的社会结构、阶级结构、社会治理和经济发展，没有分治就没有比较。我们应该用超越性的比较眼光去看分治时期的各个政权。我们讨论中国历史的时候，不能很狭隘地站在某一个族群的立场上来看问题，甚至不能仅仅站在中国立场来看问题，应该超越中国去看中国，从一个更高的角度来俯视，看大历史建构下中国历史是什么样的，这样才可以看到新的东西。

秦汉时期，匈奴等族群虽然比较活跃，但是并没有进入中原和汉人进行充分的交流和融合。南北朝时期，匈奴等族群的活力被彻底激活，前后建立十几个政权，经过几百年的发展变化，给后来的中国带来很多不一样的因素。有很多物种都是这个时代通过他们从中亚地区传进来的，我们今天的胡椒、胡琴、胡服、胡萝卜，凡是带"胡"的，差不多都是从这条管道进来的。这方面的详细研究已经有很多成果，中华文化中的"外来文明"以这个时期为最多。大家可以参考诸如《唐代的外来文明》这些杰出的著作。中华文明的建构不是某一个族群单独完成的，而是在这块土地上生存过的各

第11讲 分治时代：一个中国，各族共建

个族群共同完成的。

从东汉到南北朝，门阀士族一直是中国社会的复杂问题，也是后人历史研究中的重要课题。到了晚近，我们革命的一个重要目标就是革门阀士族的命。在中国历史上，社会发展一直处在不断分层的状态。门阀士族是怎么形成的？仅仅靠简单的出卖劳动力并不能致富，穷人变成富人要有机会，比如说因立有军功而获得特别的封赏。如果获得封赏之后，你肆意挥霍，那你仍然不是富人，仍然不是豪族。只要社会管制放松，一定会有豪族出现。

自周朝以来，豪族对礼乐文明和文化的提升一直有很高的兴趣，它不是一个自甘沉沦的阶层，当它有机会在文明层面提升自己的时候，一定不会放过。在这里我谈一点个人的亲身体会，希望有助于大家理解这个问题。小时候，我们村里面有一个教书先生，穿得破破烂烂的，但是稍微有一点知识的人，见到他就有一种恭敬感，因为人本质上存在一种往上提升的需求。

特别的军功赏赐，再加上各种因素的传承，中国社会自古以来就有一个向上的潜在素质，这种素质让中国社会经常出现贫富分化。富人的幸运并不意味着对穷人的罪恶，富人并不都是为富不仁，既富又仁的人在中国历史上大有人在。

从汉朝开始，稳定的社会架构使社会经济获得复兴并开始发展，实际上在汉武帝时期，有的大家族已经富得不得了了。一个最典型的例子，董仲舒三年不下楼，"三年不窥

园",三年都不到自己家的菜园子看一看,就在那儿用心读书。这一方面表明社会阶级在分化,富人继续富,同时把自己的子女培养成有文化的人,让文化来积淀。中国学术史传承中最重要的一条是"家学"。我们这些"学一代"不要想着自己的学问已经登峰造极,那是不可能的。"学一代"要有明确的自我认识,做力所能及的事情。没有几代人的积累,很难出真正的大学问家。过去如此,现在依然,将来也是这样。

到魏晋南北朝时期,豪族已经发展成庞大的政治体,是社会治理结构中一个必要合理的部分。当时左右政治的不是各地的小官僚,而是拥有经济处分权的豪族。

南北朝时期的侨置郡县有很多解读的空间。北方发生动荡,豪族不仅自己逃到南方去,还要把在自己庄园劳作的底层百姓一起带走。到了南方以后,还按照原来自己所在的地方进行命名。从简单的阶级立场很难分析这个问题,如果从经济形态,用公司理论来分析,就很容易理解。公司所在地发生战乱,公司老总要转移,但他不能把底层员工都抛弃,应该带着他们一起走,这样才符合人道。

衣冠南渡之前,南方究竟是什么状态?是一片荒凉之地,还是已经获得某种程度上的开发?人类最初形成的时候,除了南北极这些完全不适合人类居住的地方以外,其他地方应该多少都有点人迹,只要适合生物存在的地方都会产生生物,人也是生物。在北方士族南渡之前,南方并不是不

第11讲 分治时代：一个中国，各族共建

毛之地。我们去读秦汉时期的资料，那时候已经有人到南方来过，因为要和南越国打交道，贾谊也曾经被流放到长沙。

魏晋时期士人南渡，推动经济重心逐步南移。人口、先进的生产方式和生产工具被带到南方，促进了南方的开发。等到南宋时期，南方的经济和社会发展达到鼎盛的状态。

魏晋南北朝时期，中国的选官制度开始有所调整，这和士族势力的膨胀也有关系。先秦以来有各种各样的选官方式，但都遵循"学而优则仕"的原则，总要选那些道德品质优良、能力出众的人。汉朝实行察举制度，选拔了董仲舒、公孙弘这样的优秀人才。东汉晚期，察举制逐渐形式化，出现了清议之风。察举制在选拔人才的时候，比较重视当地民众对人物的评价，所以有势力的大家族就开始人为操纵舆论，导致选拔人才的失真。

魏晋时期的九品中正制更是导致"上品无寒门，下品无世族"局面的出现。当你操控了舆论，你就是上品，不然只能是中品甚至下品。而能够操控舆论的，自然是那些掌握政治经济资源的门阀士族。我们去读《后汉书·儒林传》《世说新语》《人物志》，可以明确感受到当时世家大族对舆论的强力干预。

世家大族干预选官，让很多能力低下的人官居高位，对体制造成了很大的伤害。统治者也逐渐意识到其中的弊端，所以等到隋唐一统之后，开始用考试的方法选官，分数面前人人平等，这就是我们后面要讲的科举制度。

第12讲
南朝四百八十寺：寺院经济与信仰体系的扩充

关于中国古代有没有信仰，争议是很大的。1870年的天津教案是中兴名臣曾国藩的滑铁卢。中国的思想界，同样因此事受到极大的震撼。知识人开始觉得在这之前中国确实没有信仰，谭嗣同、杨文会、康有为、章太炎这些人，他们想给中国建构一个新的宗教，让中国也成为有信仰的国家。

回到古代史，在佛教传入之前，中国人不相信因果报应，当然那时的中国人也没有因果报应的理念，没有来世、天堂之类有关未来世界的说法，但中国人仍然相信有一种神秘力量在制约人类的行为，人们应该谨慎行事，要敬天敬祖，对那些神秘力量保持尊重。

由于不相信有一个未来之世，作为中国知识人的导师，

第12讲 南朝四百八十寺：寺院经济与信仰体系的扩充

孔子告诉人们要重视现实，不要想其他东西，他说"未知生，焉知死"——活着都够艰难的了，干吗还想死后的事情，想那个根本不知道是否确切存在的未来世界？当代中国人有一个困惑，那就是人到底能不能永存？我们想拼命地活着，活到100多岁，只要医学不断进步，我们就还能延续生命。这种想法在儒家看来是不对的。

儒家的基本精神强调现实本身的重要性，人生也有不朽，正如《左传》里面讲的"太上有立德，其次有立功，其次有立言，虽久不废，此之谓不朽"。最重要的是"立德"，如果你真正为社会做出贡献了，人们不会忘记你；其次"立功"，多做对国家对社会进步有益的事情；最末的"立言"就是著书讲学，如果你的言论表达能对社会有启发，也可以不朽。当然从宋朝以后，这种情况有所改变。一是因为印刷术进步，出版门槛降低；二是官员到一定年龄要告老还乡。这些"退休"的官员很多都是进士出身，归乡以后衣食无忧，开始闲情逸致地写作，写完之后，自费印制，到处送人。我们现在可见的历史典籍，大多数都是宋朝以后的，浩如烟海，汗牛充栋。我很如实地讲，如果不剔除一部分，你就会被它淹没掉。因为这里面普遍可用的东西并不是非常多，一些记载地方特色的游记还可以用一下。如果一定要说儒学是宗教的话，那么儒家最初给中国人提供的准宗教、类宗教是充满人文主义情怀的宗教，而不是后世意义上的宗教，不是孔子最讨厌的"怪力乱神"。

孔子说"未知生，焉知死"，不相信有一个未来世界，但并不是所有人都认同这一点，人们总是寄希望于万一，万一有呢？于是还是有不少人想长生不老，比如秦始皇，他登基之后就开始修造陵墓。从既有的出土物与研究者的推测可以知道，秦始皇想象的死后世界，只不过是把他生前的一切带进了坟墓。秦始皇陵地下宫殿的建构和现实完全一样，还有很多同比例的雕塑。它反映出了秦汉时期人们的信仰观念，他们想有一个未来世界，一个和现实世界一样的未来世界。特别是像秦始皇这种人，既有钱又有权，就这么几十年的肉身，钱还没有怎样花，人却老了、不在了，总觉得有点不踏实、不甘心、不放心，总处在一个困扰状态。

秦汉帝国郡县制极大加速了各地文化的整合，至两汉之交，中国本土文明已经完成了整合。就在这个时候，印度佛教传入中国，并很快赢得了皇室和贵族们的信仰。他们信仰佛教之后，给社会以示范，很快有更多人觉得佛教信仰好。

换言之，佛教最初进入中国的时候，并没有遇到很强烈的抵抗，因为它在体系上修补了儒家那种人文主义的非宗教信仰。孔子是很现实主义的，"未知生，焉知死"，考虑什么死后的事情？活着的事情管好就行了。南北朝时期，范缜也在讨论这个问题，据其"神灭论"，人死如灯灭，人死了，什么也没有，一缕青烟。相比之下，佛教则带给中国人一个未来世界。这种未来世界是正面的还是负面的呢？我个人认为是正面的。因为它让人们知道恶有恶报，善有善报，对中

第12讲 南朝四百八十寺：寺院经济与信仰体系的扩充

国社会秩序的稳定、道德的净化，起到了很正面的作用。

佛教的发展逐渐侵犯了儒家的利益，因为有一些儒生开始转信佛教。同时，佛教的传入又激活了中国本土的道教，比如五斗米道的出现。道教是在道家思想基础上重新构建了一个本土神仙的信仰体系，这种信仰体系一直到当代还继续发展着。前几年我看过一个视频，一个清华大学建筑系的博士生做了一个调查，他考察了河北易县的奶奶庙，发现那里竟然有"车神"等现代社会要素。车神塑像旁边的墙壁上有汽车画像，塑像身前还有方向盘。

到了魏晋南北朝时期，中国的信仰体系呈现出儒释道三教并立的状态。为了争夺信徒，三教开始互相攻击，形成一些争论。各地的情况不一样，儒家这一套东西主要还是在江南地区流行。在原来中国本土文化这一带，儒家的信仰群当然还很大，儒生们还都信仰这一套东西。魏晋南北朝时期，佛教是从北路过来的，寇谦之的道教也是在北朝发展起来的。在这个过程当中，佛教、道教、儒教通过辩论，互相冲突、渗透、影响，对中国思想文化的重新建构贡献非常大。到唐朝的时候，三教的争论逐渐降温，他们开始心平气和地坐下来，在皇帝的主持下一起讨论点问题。到了周敦颐、邵雍、张载、程颢、程颐所谓"北宋五子"时期，儒家思想获得了新的展开，凤凰涅槃，中国文明出现了一个新的架构。后世或以宋明新儒学为儒家思想的新阶段。

在南北朝这个时间段，佛教势力膨胀得比较厉害。在南

87

朝，有"南朝四百八十寺"的诗句为证；在北朝，大量的石窟被开凿。当时的人为什么要建那么高大的石窟呢？主要是因为佛教信仰体系中有一个重要概念——"功德"。一个人的家人生病了，他去寺庙许愿，希望家人康复，等到家人真的康复了，他要去还愿，就修一个石窟。经过几百年的不断积累，终于形成了大规模的石窟艺术群。石窟艺术群是中国文化的宝库，它们多位于山上，虽然开凿不容易，但毁坏起来也不容易。这大约是其历千年而依然获得保存的一个原因。

如果佛教仅仅停留在信仰层面，是不会出现灭佛事件的，关键是很多寺院并不是单纯的信仰场所，它还有经济功能。年轻人都去当和尚，势必会减少国家的兵源和劳动力，影响国家的税收。我们今天到缅甸和泰国去，会觉得这是一个佛教国家，佛教俨然成为主导性产业。

已故北师大的何兹全先生早年对佛教经济有过比较深入的研究，他写过《中国中古时期佛教寺院》《佛教经律中关于寺院财产的规定》和《佛教经律中关于僧尼私有财产的规定》。寺院经济和世俗经济之间存在着紧张和冲突，当寺院经济影响世俗皇权统治的时候，皇权就要动用非经济手段来解决寺庙经济。对此，寺院是毫无办法的。

讨论南北朝时期宗教经济形态和世俗经济形态差异性的时候，涉及信仰和文明体的重构问题，我们要看到思想之间的互相交流和渗透。从东汉到宋朝，因为佛教的冲击，中国

第12讲 南朝四百八十寺：寺院经济与信仰体系的扩充

文明的主题、架构，以及讨论问题的方式，都获得了调整和改变。

先秦时期，中国作品的文字表达很简洁、很短暂，且没有逻辑论证，像"学而优则仕""有朋自远方来不亦乐乎"，就是很简单的一个警句，告诉你一个道理。利玛窦最初把《论语》翻译成"中国哲学家孔子的道德箴言"。先秦诸子中最好辩论的是孟子，但他也说过"予岂好辩哉？予不得已也"。意思是我何尝想跟你辩论，我是不得不跟你辩论。佛教进入中国之后，大量的佛教经典被翻译成中文，中国文化的表达开始发生变化。我们读唐宋文人的作品，读韩愈、柳宗元的作品，读张载、"二程"的作品，逻辑性非常强，可以明显感觉到其中的佛教气息。

佛教作为外来文化进入中国之后，给中国社会带来了一次分解，同时也推动了中国文明的重构和再造。没有佛教的进入，就没有儒释道的冲突、融合；没有三教融合，宋以后的中国文明情形肯定是另外一个样子。自主无法创新。只有异质文明的冲击，才能激活旧文明中的要素，才能"一生二，二生三，三生万物"，才能有新的文明形态被创造出来。

第13讲
五胡十六国与北部中国的开发

从全球史角度来说,五胡十六国是"中华第二帝国"形成之前的一个重新组合时期。秦汉帝国完成了后世历史所谓的中国区域内文明的整合,出现了一个中心文明。东汉晚期,由于各种原因,原来的社会结构开始解体,中国历史进入到了各地方政权分治的状态。过去的历史表述称魏晋南北朝为大分裂时期,其实从全球史背景来看,这段时间更合理的表达似乎可以说是各族群分治时期:你治理你的,我治理我的,各为正统。

"五胡"指的是匈奴、鲜卑、羯、氐、羌。在这之前,他们基本上处于游牧状态,因为他们生活在适宜游牧的地区,而没有生活在适宜农耕的地区。我们应该把"五胡"视为中华民族形成过程中的必要组成部分,不能够把他们看成

第13讲　五胡十六国与北部中国的开发

偏离甚至是侵害主流族群的周边族群，如果这样理解，其实带有一种歧视色彩。

当年的这些所谓"周边族群"，很可能是今天大多数中国人的祖先。从南北朝开始，中国人口经历过数次大规模的南迁，北部族群进入中原，而中原族群南迁。经过几百年的融合之后，原来的游牧族群早已农耕化，当下一次迁徙到来的时候，曾经的游牧族群的后人可能要再往南迁徙。所以我们看到在中国文明发展史上，有一个人口不断由北向南流动的过程。

从后人的眼光来看，"五胡"似乎是在南北朝时期突然出现在中国北部广袤的土地上，其实在这之前，他们也有自己漫长的历史。有些族群没有文字，而且在他们发展的早期，没有和中原地区发生紧密的联系，所以中原的传世典籍自然也不会记录他们的相关情况。

最初人类文明的出现是星罗棋布、遍地开花，并不是某一个地方先发展出文明，然后再向各地传播。关于这些"周边族群"的早期历史，我们现在只能通过人类学和考古学来进行研究和认识。目前关于中古史的研究做得比较充分，学者们通过中亚的死文字、墓志等资料，重构了一部分族群的衍生和演化过程。

现有的研究成果已经充分证明，这些少数族群和华夏文明只有后进和先进的区别，而不能说人家没有进入文明状态。由于各种条件的限制，这些少数族群在一定时期内没有发展出更高的文明，他们始终在初级文明状态徘徊，也没能和其他族群发生关联。这也是我一直强调的自立不可能更生，接触、合作才是文明进步的动力。中华第一帝国解体以后，华夏文明开始向四周辐射，激活了周边的族群，使他们开始获得比较快的发展。以匈奴为例，在周朝的时候，他们就开始在北方活动，是一个顽强的族群。今天我们去读匈奴的相关史料，可以感觉到它处在游牧族群和农耕族群的过渡阶段：往南走一走，它就和农耕族群糅到一起去了；往北边走一走，它就脱离农耕和游牧族群融在一起。

过去历史表达中的所谓"汉化"，其实是少数族群向中原地区的农耕文明转化。周边族群和中原族群的所有冲突，其实都是在争夺食物。如果我们能脱离原来的狭隘立场，从全球史的角度来看，应该承认争夺食物是人类的天赋权利。

游牧族群可能常年吃肉，但是当他们知道有农作物可以调剂的时候，他就要吃粮食，这是天赋权利。我们去看匈奴和秦汉王朝的冲突，两宋和辽金的争斗，其实都是在争取生存的权利。

今天，如果有人对你说他是匈奴人或者鲜卑人，你肯定会感觉到很诧异，因为这些族群自某个时间段后就消失在中国的典籍之中了。为什么这些族群后来都不见了？是遭到种族灭绝了吗？答案是否定的。我们还以匈奴为例，秦汉时期，匈奴是北方最大的一个游牧族群，经常侵扰中原王朝。但是经过几百年的交流，作为一个族群的匈奴逐渐消解了。

第13讲　五胡十六国与北部中国的开发

这些人到哪儿去了？如果是被整体性地屠杀掉，那史书上一定会有记录，但是我们没有看到这样的记录。这表明，匈奴人并没有在肉体上被整体性地消灭，而是融到中原族群当中去了。

在前面我们曾经讲过，为了消弭来自匈奴的威胁，从高祖刘邦开始，汉王朝就经常采用和亲的方法来维持边界的和平。娄敬给刘邦出主意：目前我们打不过匈奴，那就把女儿嫁给单于，这样单于就成了你的女婿，下一代单于就是你的外孙，再往后大家就是自己人了。

我在讲中国史的时候，不愿意从狭隘的汉人立场出发，因为我觉得目前在中国很难找到一个血统纯正的汉人。在上千年的历史中，后来中国境内各个族群不断地通婚，血统早已混合。目前中国血统最纯正的应该是孔子的家族，但是发展到了今天，孔家的血统也未必那么纯正了。因为你无法保证娶来的媳妇血统的纯正，你总不能在孔家内部选媳妇吧，那就不符合早期儒家同姓不婚、五服之内更不得通婚的硬性规定了。

在中国历史上，从秦汉一直到晚近时期，重视族群身份的朝代少之又少。唐朝其实是周边族群入主中原建立的王朝，它并没有强调哪个族群是优先的。元朝是蒙古人建立的，虽然大家都听说过所谓的"四等人制"，但其实当时的蒙古统治者并没有刻意强调族群的绝对区隔。满洲人入关后开拓了大清帝国，因为满洲人数量少，他们担心自己被汉人同化，所以比较重视族群血统的纯正，不和汉人通婚。但是满洲毕竟人口基数少，姓氏也有限，如果仅仅是满洲人和满洲人或与蒙古人等非汉人通婚，最后难免路越来越窄，有近亲结婚的危险，所以他们还是逐渐放弃了严禁与汉人通婚的规定。这还只是贵族层面，至于底层社会，更没有那么多的禁忌，生存、繁衍、偶然性，都不可能让人们完全理性地坚守血缘的纯洁性。很多时候，读中国史料，读中亚诸国的历史，我时常感到中国各族的通婚仅仅局限于后世中国的区域内，而没有像中亚那些处于贸易通道中段的区域，血液有更为充分的交流。中国毕竟处于贸易通道的末端，除了宋元时期的泉州，混血、杂交，实际上还是比较少的。

现代科学久已昭示，"杂交"的才是优良的，满洲人不懂得这个道理。200多年之后，满洲皇室的繁殖能力明显的衰减，咸丰皇帝只生了两个儿子一个女儿，其中一个儿子还夭折了，后来的同治、光绪、宣统都没有留下一儿半女。近300年的大清帝国，满洲人和其他族群的增长不成比例，满洲人增长得比较慢，这在中国历史上属于非常态。

南北朝时期，五胡十六国在北部中国的活动，对中国文明的发展起了很大的推动作用，一定程度上为唐朝在西域的成功奠定了基础。北魏孝文帝力主迁都洛阳，极力推动民族融合。可见他是一个心胸宽广的帝王，没有那些"非我族类，其心必异"的小心思，谁先进就向谁学习。孝文帝改革在南北朝时期并不是孤立的，其他族群也应该有类似的情

第13讲 五胡十六国与北部中国的开发

况,只是历史没有记录下来而已。

在南北朝时期,南部中国获得了很大的开发,北部族群被激活,其间政权不断更迭、合并、分治,各族群不断冲突、交流、融合,刚好印证了《三国演义》开篇所讲的"分久必合,合久必分"。每一次分合并不是简单的你吃掉我或者我吃掉你,不是简单的分裂过程,不是零和游戏,而是文明的整合。3—7世纪,不只是中国,在欧洲乃至全球范围内,各个族群都在分化组合。所以我们在学习中国史的时候,如果能放宽视角,对同时期的世界史进行考察和比较,一定能加深理解,事半功倍。

第14讲
隋王朝:"中华第二帝国"

在前面我曾反复强调过,从东汉解体到隋朝建立的几百年是分治时期而不是分裂时期。我们应该摆脱传统史学叙事中的狭隘立场,对各个族群都尽量给予平等对待,从更加超越的视角来看待各个族群的发展。

魏晋南北朝时期的分治状态,使得之前的一些边缘地区获得了前所未有的开发,衣冠南渡把北方积累深厚的文化结构平移到了南方。我们前面讲了侨置郡县,很多地方整体性地平移到南方去,构成了后来的客家。原来在中原地区形成的文明中心开始往南方释放,对后来南部中国的开发影响非常大。

全球的大航海时代开始于15世纪,而中国的大航海时代则应该开始于更早的南朝时期。那时候中国人已经开始飘洋过海到很遥远的地方去了，民国时期的大学问家章太炎曾经写过一篇《法显发现西半球说》。当然，法显发现美洲和后来西方人发现美洲在性质上完全不同，章太炎讨论的是在人类活动留存文献极少的情况下，中国人仍然在全球范围内留下了自己的足迹，有自己的记忆。法显到达美洲，表明南朝的航海技术和航海能力很高超，人们的视野很广阔。因为中国的分治状态，佛教在南部中国也获得了极大的发展。

在北方，周边族群和中原汉人在文化上只有后进和先进的区别，这种区别只是时间上的，而不是价值观和品质上的。由于种种原因，周边族群在产生文明之后，一定时期内没能获得发展，始终徘徊在初级文明阶段。东汉解体后，中原文明开始四散辐射，激活了周边族群，使其获得了快速发展。魏碑是中国书法史上的一个里程碑，那就是北魏的文字。除此之外，还有隋唐时期留存下来的敦煌文献。通过魏碑和敦煌文献我们可以非常清楚地看到，匈奴、鲜卑等北方族群给后来文明的发展和一个大共同体的整合奠定了坚实的基础。

我们再讲一个具体的例子——《颜氏家训》。作者颜之推一生出仕了好几个国家。中国古代史上的国家概念和西方近代意义上的国家概念还是有差别的，中国古代的"国家"其实就是家的放大。颜之推曾经数次随着政权的灭亡而被俘，但无论身处何时何地，他都没有盲目地去讲某个王朝的好与坏。因为他有知识，所以换一个地方之后仍然能受到统治者的尊重和任用。我们今天回望历史，感觉南北朝时期动荡不安，老百姓都生活在水深火热之中。但是还原到当时的历史场景，对大多数生命个体来讲，一生短短几十年，可能根本感觉不到这种动荡，并没有我们今天想象的那么凄凉和落魄。各位只要读读《颜氏家训》，就可以对这段历史有一个更为直观的感受。

颜之推对颜氏后人的训诫仍然是儒家传统的内圣外王，先做好自己，之后再去想国家和天下。《颜氏家训》是一部经典传世作品，之后历朝历代的达官贵人家庭，几乎都把《颜氏家训》作为教育子女的经典读本。我举颜之推和《颜氏家训》的例子，是想说明在有形的文字当中，我们可以看到文明从中心向周边的辐射，颜之推一生服务的诸多王朝的统治者，并不都是纯洁的汉人，不难想象他与异族相处对各个族群文明的交流具有重要的意义。

在魏晋南北朝这个大时代当中，各个政权确实有激烈的冲突甚至残酷的厮杀。在中国古史当中，特别是小共同体向大共同体转型过程当中，各种势力之间的厮杀其实就是一个集团的主子和另外一个集团的主子在争夺地盘。各首领为了私欲不断驱使整个集团为其效命、征战杀伐，但客观上这也确实使共同体不断壮大，推动了资源的整合和分配。

在人类文明诞生以后的一个漫长时间段里，很多族群都处于物质短缺的状态。族群的首领有责任维系整个族群的基本生存，那与其他族群进行物质交换就是必要的。当无法开

第14讲 隋王朝:"中华第二帝国"

展和平交换的时候,就不得不动用暴力手段夺取生存资料。魏晋南北朝是一个大转型时期,共同体不断整合、调整,几百年之后,到了6世纪,重建一个更大规模帝国的趋势已经非常明显了。

581年,北周权臣杨坚逼静帝禅位于自己,建立隋朝。589年,隋灭陈,重新统一中国。隋朝统一之后,像秦朝那样,很快就开始大兴土木,上马一些大型工程。秦朝大型工程,除了长城、秦始皇陵墓,主要是四通八达的道路。这是秦帝国的政治需要,客观上也有助于各地的交流。隋朝的工程和秦朝相似又有点不一样,它们都在交通上下功夫,秦朝是陆路,隋朝是水路。隋朝开凿了沟通南北的大运河。过去我们从阶级斗争的立场出发,认为隋炀帝开凿大运河是为了享受、到处巡游。其实如果仅仅是沿着运河巡游的话,也没什么好玩的东西。大运河的主要功能并不是供统治者游玩,而是把江南的粮食输送到北方,是要解决在原来分治状态下财富增长不均遗留下来的问题。魏晋南北朝时期,南方获得充分开发,粮食产量增高,而北方由于战乱等原因,粮食产量不如南方。人类总是需要通过交换来维持物质上的均衡,隋朝统一中国在很大程度上迎合了人类的这种需求。

历朝历代,统治者大兴土木,兴建大规模的工程,无论其目的如何、效果如何,一定会给老百姓带来深重的苦难。中国历史上几个重要的王朝在这一点上都没做好,连明朝也不例外。在几乎零机械化的古代中国,兴建土木工程只能使用最原始的劳动力，这必然要耗费民力，影响朝廷的赋税收入。隋朝和秦朝非常相似，都是终结了分治局面，建立了一个大一统的王朝，但是又很快地灭亡。秦统一中国后14年二世而亡，自杨坚篡权到隋朝灭亡，也不过只有37年时间。

王朝的开创者通常都有一段艰苦的奋斗史，利用各种条件壮大自己、消灭别人，最后建构一个帝国。建国之后怎么来平衡各地的利益关系，其实历史上的中国王朝一直都没能处理得很好。

中华第一帝国和第二帝国，都是先有一个短暂的试验期。秦朝的试验期是废除周朝的二重政治架构，走向单一的郡县制。秦朝二世而亡后，继而兴起的汉朝吸取了秦的教训，实行郡县制和封国制并存，同时休养生息了几十年，最终延续了400年。和秦朝一样，隋朝的试验期也很短暂，兴建大型工程，劳民伤财，最后群雄并起，隋炀帝也为叛军所弑。隋朝灭亡到现在已经有1000多年的时间了，有些人觉得它是一个可以忽略不计的王朝。隋朝虽然很短暂，但是给后边的帝国提供了很重要的教训，李唐王朝延续了将近300年。

在过去的历史表述中，隋炀帝是个不折不扣的暴君。隋炀帝虽然奢靡，但我一直认为中国皇帝的奢靡并不是不可原谅的。另外我们一定要注意到一条，我们今天能看到的历史都是胜利者书写的，隋炀帝完全被剥夺了话语权，他自己不可能死而复生，为自己辩驳。我们读书，一定要有自己的判断力,要牢记孟子所讲的"尽信书,则不如无书"。一定要从文字的背后去观察历史、体会历史,这样才能逐步逼近历史真相。

第15讲
世界性帝国：唐王朝

中国历史从分治走向统一的时候，基本上都是北方政权消灭南方政权，完成新的整合。中国历史进入分治状态后，会形成区域性的差异，导致文明出现先进和后进之别。在魏晋南北朝时期，南方和北方分别获得了发展，但是它们之间仍然有落差。我们作为后来人，感觉南方的文明好像先进一些，北方文明则是后进，接受中原文明的影响。

一般来讲，文明相对落后的族群都比较彪悍，带有一种野蛮性。这不是我的独创，之前的很多历史学家，比如胡适、钱穆，都做过类似的表达。中国历史上各族群发生冲突的时候，通常不是文明战胜野蛮，而是野蛮战胜文明。南北朝最后走向统一，仍然是诉诸于战争，也是文明相对后进的北方统一了先进的南方。中国历史还有另一个规律，虽

第15讲 世界性帝国：唐王朝

然文明的一方暂时被野蛮的一方征服，但最后野蛮一方又被文明一方的文明所征服，文明永远可以征服野蛮，这一点在唐朝初年表现得尤为明显。唐朝接续隋朝统一中国之后，开始把之前流传下来的儒家经典重新进行整理，编出了《五经正义》，当时重要的儒家经典都是由南方学者进行传承和解读的。

我们这里讲的所谓野蛮和文明只是相对的，是时间点上的先进和后进，野蛮可能比较彪悍，但并不一定代表着无道。而且在东晋和南朝，对礼数的过分强调已经到了不可容忍的程度。衣冠南渡之前，竹林七贤中的阮籍、嵇康就已经提出"越名教而任自然"，反映出当时对礼数的讲究已经到了"装"的程度，所以阮籍和嵇康等人就要刻意地不"装"，甚至走向极端的反面。还有刘伶，他喝醉之后耍酒疯，其实是要表现出自己的真性情来抗议当时僵化的礼教。《世说新语》对"达观"十分表彰，认为人应该活出本色来，而不是"装"。

魏晋南北朝时期礼教日趋僵化和世家大族的出现有关。我们如果站在阶级斗争的立场，可能觉得世家大族的成员都是很坏的剥削者，其实他们中的很多人生活也是非常痛苦的，因为他们从小就要被条条框框所束缚，时时刻刻接受礼数的训练。他们长大以后谦谦有礼，并不是天生的，而是后天训练出来的。

唐朝在中国历史上是一个很重要的王朝，给中国人留下记忆最深刻的王朝当数汉朝和唐朝。今天中国人口最多的民族是汉族，汉语是世界上使用人口最多的语言，这和刘汉王朝当年的开疆拓土有关系。至于唐朝，现在世界很多地方都有唐人街。我们如果去日本京都游玩，可以看到那里仍然保留了相当浓郁的唐王朝的文化气息。

史学大家陈寅恪先生与他的弟子，都认为唐朝的建立者来自关陇贵族。得益于中原文明的辐射，关陇贵族在北朝的几百年时间里积淀了自己的文明。比如书法，北朝的书法不仅可以和南朝相比，而且形成了自己雄健浑厚的独特风格。

唐朝最初的统治者来自关陇地区，他们是一个文明的统治集团，不是来自底层的军功集团。在之前漫长的积累过程当中，他们已经贵族化了，贵族化的同时还保持着北方民族的粗犷雄厚，所以我们才看到唐朝统治结构的独特性，在社会治理中形成了自己的特色。

唐朝对后世影响最大的特色就是忌讳比较少，和南朝形成了鲜明的对比。南朝的忌讳很多，到处是条条框框，这也不行，那也不行。有个性的人物越是受到表彰，就越可以从反面证明当时整个社会缺乏个性，都被条条框框的规矩束缚住了，所以一旦出现刘伶、阮籍、嵇康这样敢于"越名教而任自然"的人，就会被视为"英雄"。唐朝的文明程度已经推进得很高了，但同时保留了北方族群没有被规训的传统。

在中国历代王朝中，唐朝的政治宽松度可能是最高的。我在本科阶段把《贞观政要》读了不只一遍，通过书中记载的君臣对话，可以感觉到唐初君臣之间不是主奴关系、主仆

第15讲 世界性帝国：唐王朝

关系，而是近乎朋友关系。皇上如果说错了，大臣们可以当场反驳，反驳之后大家再讨论，最后得出一个更好的决策结果。

唐王朝是一个具有世界影响力的王朝，它的文化释放得很远。向西，安西都护府有几万安西兵，可以纵横驰骋，深入中亚地区；向东，唐朝已经直抵大海，和东北的渤海国构成紧密联系。

通过对墓志的研究我们可以发现，唐朝的重要官员，特别是镇守边关的大将，很多都不是汉人。中国有句古话叫"非我族类，其心必异"，唐朝统治者本身就是"非我族类"，因而他们更敢任用"非我族类"的人来出任高官、镇守边关，足见其胸怀之宽广。唐朝统治者大量任用周边甚至域外族群的人，促进了文明交流，把共同体越拉越紧，为后世大中国的形成奠定了基础。从这个意义上说，我们不能讲唐朝是一个纯粹的汉人政权，它是一个糅合各个族群的大王朝。在中国的王朝叙事当中，唐朝经过了很长的历史沿革，经过后世学者的不断研究，唐朝在中国的王朝谱系当中已经找到了安置。陈寅恪先生最早指出唐朝的统治者来自周边，但是后世的历史学家没有人觉得唐是个异族政权。我们今天讨论元朝和清朝历史的时候，仍然有相当一部分人认为它们是异族政权，但是讨论唐朝的时候就没有这种感觉。这是极具启发意义的，研究蒙元历史、清朝历史的学人，从唐朝历史重构中应该可以获得新的启示。

唐朝是（中华）文明发展的鼎盛时期，它给我们留下的最重要的文明成果是唐诗。唐朝是诗人最多的时代，诗仙李白、诗圣杜甫等人给我们留下了很多经典的传世作品，是中华文明的重要遗产。最近这些年有诗词大赛一类的节目，我觉得很有必要，但是不要做俗了。现在有些人写的诗比唐诗还难懂，近代以来的诗词作者，我比较欣赏的有黄遵宪、章太炎、梁启超还有胡适，他们都有一种文学上的自觉，没有刻意使用晦涩难懂的词语，而是要回归生活。我们去读李杜的作品，你会感觉到他们没有去刻意雕琢、刻意用典。

中国古代史上，王朝统治能否有效、合法并且高效，主要取决于它是否有一个廉洁、高素质的官僚队伍。直到今天，廉洁高素质的官僚队伍依然是影响社会发展的重要因素。历史上，中国人在这方面做了很多探索，儒家最早强调选贤与能，就是要选拔那些道德品质高、能力强的人来做官。春秋战国时期，各诸侯国自己调整选官制度，慢慢形成了两种趋势：一是考试；二是察举制度，其中察举制度占主流。察举制度翻译成我们今天的话，那就是领导考察和群众推荐相结合。察举制度在中国历史上持续了很长时间，但为什么到隋唐时期，科举制度成了主要的选官制度呢？

从东汉到南北朝，大规模的庄园经济开始出现，出现了很多积累几百年的先富家庭。为了防止五世而斩，让家族长时期兴盛下去，这些世家大族的势力和政治势力形成了一种紧张。《后汉书》当中有很多品评人物的"段子"，用很简洁

第15讲 世界性帝国：唐王朝

的语言来描述一个人的优点。事实上，当时的世家大族已经操控了舆论，使察举制度逐渐失真。到了南北朝时期，出现了"上品无寒门，下品无世族"的现象。凡是当上高官的，基本都出身于显贵家庭，贫寒子弟是很难通过自己的努力跻身高位的。久而久之，官员队伍的素质逐渐下降，影响到统治集团的施政。为了克服既有选官制度的弊端，隋唐统治者开始开科取士，用考试的办法选拔官员，分数面前人人平等，这就是影响中国上千年的科举制度。我们看到唐朝的官员文化程度都很高，因为他们基本上都是进士出身，都是挤独木桥过来的，几乎每个人都能出口成篇，那整个王朝的风气就完全不一样了。

儒释道三教在唐朝同时存在，但是因为唐朝皇帝姓李，而道家的标志性人物老子也姓李，所以李唐皇室极力推崇道家，将老子奉为自己的祖先。过去我们讲儒释道的冲突，佛教不敬祖宗，儒家强调敬祖，这是观念上的冲突。其实我们如果往深处发掘的话，它可能和南北朝以来形成的寺院经济有关。唐朝的很多大家，比如李白、白居易、韩愈，他们都有自己的宗教的东西。韩愈对佛教的批判尤为严厉，他认为佛教引导了社会的疯狂。宗教如果不给予某种理性的引导，很可能会出现一些极端信仰群。目前世界上的几大宗教都持温和信仰，教人行善。但宗教中的极端主义会曲解宗教经典，对信徒产生严重的误导作用。

总体来讲，唐朝是一个大变动的时代，周边族群进入中原，中华文明向四周辐射。从全球史背景来看，7—10世纪这个时间段，西方也处在中世纪的冲突组合过程当中，中亚地区也形成了一个庞大的帝国。在远东，一个原来由汉人统治的小区域，经过南北朝的交流、冲突与融合，慢慢发展起来一个庞大的具有世界气息的大帝国。直到今天，唐朝仍然是一个值得我们给予很大敬意的朝代。在中国的历史叙事中，有很多人批判秦朝、元朝甚至汉朝和明朝，但是非议唐朝的人是很少的。

第16讲
封建论：唐朝中晚期的政治架构问题

唐朝是中国历史的大转型时代。中华第一帝国瓦解之后，经过几百年分治时期的调整、整合、再统一，形成了中华第二帝国，也就是隋唐帝国。

618年，唐朝建立，755年安史之乱爆发，这时候已经是唐朝中期了。安史之乱是唐朝历史的一个重大转折点，从大历史来看，它还涉及如何解决中央和地方之间的权限问题。这个问题并不是唐朝才有，我们前面提到过汉初的七国之乱。到了晚明，中央集权结束之后也出现了地方政权。清末改革当中，中国逐步呈现出地方自治的趋势。到了民国时期，从毛泽东等人主张的湖南自治到联省自治，中央和地方权限处在制度性安排的调整之中。民国时期几个具有宪法意义的文本，都在规定中央权限和地方权限的差别。只要中央权限一释放，就一定导致地方分解。从大历史来看，由于中国幅员广阔、人口众多、族群复杂、经济发展不平衡，区域性的差别是个客观存在，差别性治理而不是一元化的一刀切原本是中国政治架构的应有之义。中国本身就是地方主义的产物，周初数十个封国建制在某种程度说就是对各地差异性的尊重。周朝的政治体制是二重政治架构，周天子更多的时候起到的是协调作用，他协调各诸侯国之间的关系。如果哪个诸侯欺负别人，周天子可以领着其他人合起来把他揍一顿，率有道伐无道。这有点像今天联合国的格局，联合国有权力通过决议去制裁某个国家。联合国成立以来，以自己的名义发动过几次战争。当然我们如果深入分析，会发现里面涉及强权政治。春秋战国时期，周朝的政治也被几个大国左右着，春秋五霸、战国七雄，挟天子以令诸侯。就像现在的美国，它很强势，可以强制联合国通过决议来制裁伊拉克、伊朗。

周朝的二重政治架构有它的问题，那就是整合性能力不强。到了后期，周天子的发言根本没有力量。秦朝统一之后，废除了二重政治架构，实行严格的郡县制，把权力完全垂直化，皇帝享有一通到底的权力。汉朝建立后，建构的是郡县制和封国制并行的复合体制。这种复合体制运行得也不好，发生了七国之乱。一直到唐朝，中国的政治家和思想家们都在思考什么样的架构才能让中国更稳定。柳宗元在《封建论》中对封建制度重新进行了探讨，封邦建国对王朝的运

第16讲 封建论：唐朝中晚期的政治架构问题

行有什么意义。唐朝已经没有封国了，完全是中央集权下的垂直管理，各地的都护府长官也都是中央任命的。都护府长官可以长期任职，但是中央仍然拥有剥夺其职位的权力。封建体制下国家的所有权，最终权力的决定是在封国还是在中央呢？唐朝认为应该在中央。

唐朝最后形成藩镇割据的状态，是因为地方上的军事强人逐步把自己管辖的区域慢慢衍生为自己的藩镇，这样就导致地方和中央发生权力冲突。安史之乱结束后，唐朝又继续存在了将近150年，几乎占整个唐朝历史一半的时间。某种程度上，五代十国那几十年，也是唐朝藩镇割据的延续。通过阅读贾谊和司马迁的作品，我们知道战国晚期社会动荡不安，百姓不堪其苦。但是我们读《旧唐书》《新唐书》以及更多的唐朝文献可以发现，安史之乱之后，唐朝虽然陷入藩镇割据的局面，但并不是连年征战。

割据并不意味着冲突，它实际上是对原来中央专制主义的一种修补。中央权力大的时候，下一次调整的时候一定是中央权力小，地方权力大。当我们没有找到好的政治架构的时候，一定是这种局面：中央一释放权力，地方就强大；地方强大以后，中央就被灭掉；之后再统一，统一之后又形成下一次恶性循环。

宋朝的思想家尽管面对着夷夏问题的困扰，但他们也考虑过中央和地方的权力结构问题。当然，宋朝没有完成真正意义上的统一，没有足够的空间让其进行政治试验。在中国王朝谱系当中，宋朝并不是一个大王朝的格局，只是分治状态下的一个政权。元朝统一中国之后，鉴于前代留下的问题，进行了一定的改革，它的政治建构至今还在影响着我们，那就是行省制度。但是行省制度也没能把中央和地方之间的权力紧张彻底消除。到了明朝，问题依然存在，中央高度集权，地方就没有活力，等地方有活力的时候，中央就没有力量。17世纪，中国社会产生了新的生产因素，思想家开始重新思考这个问题，在幅员辽阔的中国，什么样的政治架构才是合理的。17世纪中国最伟大的思想家是黄宗羲和顾炎武。黄宗羲在《明夷待访录》中探讨了君主专制主义的弊端，"私天下"导致绝对皇权主义和绝对专制主义，使社会没有活力。顾炎武对各地的风俗进行了观察讨论，提出了周朝解体之后一直没有人再敢提出来的封建制的问题，主张"寓封建之意于郡县之中"。在顾炎武看来，全国统一的郡县制有其道理，毕竟有很多问题单靠一个小区域是解决不了的，比如治水、剿匪。但是顾炎武也认为郡县制完全扼杀了地方的活力，所以他提出"寓封建之意于郡县之中"，实行二重架构，让地方享有充分的自主权，地方的诸侯可以世袭，也可以自己安排选举方式。

顾炎武的主张和美国的联邦制有些相似。美国面对"新冠"大流行，封不封城是地方说了算，总统怎么讲也没用。顾炎武在17世纪的思考对政治结构的重新架构非常有启发，可惜的是明清易代之后，中国很快进入一个新的高度中央集

第16讲 封建论：唐朝中晚期的政治架构问题

权状态。康熙、雍正、乾隆，整个18世纪是日趋严密的、完全的高度中央集权，地方没有自治空间。康、雍、乾是中国皇帝的杰出代表，他们有很多正面的贡献，但是在这个过程当中地方空间完全收缩了。实际上我们知道在这个时候是有地方发展机会的，那就是三藩，三藩实际上就是当时的"特区"。清帝国那时如果处理得更好些，实行复合式的政治架构，那么中国的政治版图应该是中心区域的本土，沿着本土的边地，边地之外的属国，各自实行不同的制度安排。这样不仅可以呈现出差异性的五彩缤纷，而且有助于消化外来文明的影响，不至于像实际上发生的那样，18世纪的中国竟然无一省、无一人知道英国工业革命、法国大革命和美国独立运动这三大事件。统一的、整齐划一的制度安排，加上任职极短的地方督抚，让各地均处于闭目塞听的状态，即便在外商络绎不绝的广州，也没有人意识到、预感到世界处于大变革的途中。而日本则不然。此时的日本200多个藩国各自为政，有封闭保守的，也有开放、乐于与外部世界交通的，因而日本比较及时地回应了英国工业革命，日本境内的明治维新工业遗址，是很形象的证明。

清朝统治者认为吴三桂等人离心离德，不可能绝对忠于大清帝国，清朝建构全国政权之后，把吴三桂等人封到边远地区。通过阅读吴三桂的资料，我发现他想建立一个西南国，但并不是脱离大清帝国的西南国。三藩在地方治理上付出了很大的心血，他们从中原带来了很多农具和农业生产经验，还带了一大批农民和工匠。他们不仅把文明渗透到当地，还想着安营扎寨，好好经营。可惜的是，在绝对专制主义政体下，中央不能容忍地方的过度自治，最后，清廷以"正义的平叛"扼杀了三藩。很多研究者认为，并不是三藩先叛乱，然后清廷去平叛，而是康熙皇帝故意制定一个政策激怒他们，引蛇出洞，施以诱饵，让他们先叛乱，这样中央才师出有名。这种故事在中国历史上比比皆是，这其实是统治者用自己的小智干扰历史的进程。

18世纪是传统中国最后的辉煌。到了19世纪，西方因素进入中国，中国走到了另外一条路。19世纪后半期，中央和地方权限的问题又出现了。在一个绝对中央专制的体制下，太平天国这样的农民起义居然也能几近占领半个中国。为了对付太平天国，清廷不得不释放地方权力，导致湘淮势力的崛起。我们去读曾国藩、李鸿章和左宗棠等人的资料，他们争取的不是独立，而是完整的或尽量完整的地方实权。当中央赋予地方完整实权的时候，我们才看到中国在19世纪后半期十分迅猛的发展，最典型的是张之洞治下的湖广、李鸿章经营的直隶，以及曾国藩、刘坤一、张之洞相继经营的两江。

在绝对的中央专制主义状态下，朝廷不会让地方高级长官长期任职，干几年就得调动。但是在晚清，中央和地方权限得到了调整，张之洞经营湖广十几年，李鸿章则任直隶总督20多年，在中国历史上经营一个地方20多年，想想就不

第16讲 封建论:唐朝中晚期的政治架构问题

得了。我们深度挖掘这个"不得了",才可以解读地方和中央之间在什么样的架构下才是更合理的。

进入20世纪,中国的政治又发生调整,清帝国解体,中华民国成立。有人说民国时期是军阀混战的年代,这个说法是非常政治化的概念。从民国元年到民国三十八年,中央和地方是互动的,地方和地方之间也是互动的,我们讨论民国时期的历史,要从各个地方的经济发展和教育发展等视角来理解,才能看到民国历史的全貌。

第17讲
中国文明新高度：宋朝的建立及其发展

宋朝是中国历史上一个特殊的时代。20世纪以来，有几位史学家对宋朝极为推崇，认为宋朝的政治发展、文化环境达到了中国历史的顶点。陈寅恪认为"华夏民族之文化，历数千载之演进，造极于赵宋之世"。钱穆的《国史大纲》虽然认为宋朝积贫积弱，有很多问题，但也承认宋朝是中国士大夫阶层政治自觉的一个伟大时代，一次又一次推动了政治变革，孕育了学术思想之新世纪曙光。著有《中国文化史》的柳诒徵也同样认为，"有宋一代，武功不竞，而学术特昌，上承汉唐，下启明清，绍述创造，靡所不备"。如果从社会制度、社会发展、经济生活等层面来讲，宋朝确实是中国历史的一个顶点。有日本学者以"唐宋变革"为一个重

第17讲 中国文明新高度：宋朝的建立及其发展

要转折，其实就是看到了社会发展中的新因素。

当代有很多研究者对宋朝也极为推崇，他们的很多观点我都比较认同，宋朝确实是中华文明发展的一个高峰。800年之后，我们回望历史，会觉得宋朝是一个很不得了的王朝。

宋朝延续的是五代十国的格局，五代十国延续的是安史之乱之后各地坐地称王的格局。唐朝中晚期一直到五代十国，就是这么走过来的。一开始我就讲过，在中国的地理环境和历史格局下，很多问题不是一个小共同体可以解决的，所以赵宋结束五代十国的分治状态也是历史发展的必然。

赵匡胤是在960年通过非常戏剧性的陈桥兵变、黄袍加身建立的宋朝。黄袍加身不是标准意义上的军事政变，而是一批武将拥戴一个政治强人，让他来做皇帝，取代那个无能的王朝。这样做避免了流血冲突，用近乎和平的手段完成了政权的更迭。黄袍加身之后，赵匡胤担心哪一天再出现一次陈桥兵变，自己难免要退位。因此他一定要防范类似的事情再度发生，这是因果律。北宋王朝建立之后，赵匡胤思考的问题就是如何解决中唐以来出现的地方尾大不掉的问题，于是引出了杯酒释兵权的故事。赵匡胤请功臣们来喝酒，席间表现得很焦虑，愁眉苦脸。功臣们就说皇上你怎么不高兴啊？赵匡胤说我怎么能高兴，哪天你们当中哪个人称帝了，我不就成阶下囚了吗？功臣们听了这话以后感到很恐惧，第二天纷纷称病请辞。

赵匡胤用和平的办法将武将解职，从朝廷的角度来说，当然感到很安心，但是它导致了一个不良后果，那就是宋朝几百年文治有余而武备不足，这在中国历史上是极为罕见的，因为大多数朝代都以富国强兵为目标。武人在宋朝受到了极大的压制，宋朝从建国开始就没有想到要重构一个大一统的王朝。到今天为止，没有一个历史学家敢堂堂正正地说宋朝是个一统天下的王朝。因为当时在中国境内和两宋政权并立的有契丹人建立的辽朝、女真人建立的金朝、蒙古人建立的元朝，还有党项人建立的西夏，这表明宋朝皇帝没能像汉武帝、唐太宗那样一统天下。

两宋的武功的确不足，但宋朝并不像今天很多国家主义者以及大一统崇拜者说的那样，是一个积贫积弱的社会。我们去看宋朝的城市生活还有宋朝在全球贸易格局当中的影响和地位，和大一统国家主义者理解的宋朝完全不一样。历史发展和社会进步的评价标准，应该是当时的人在他几十年短暂生命当中的具体感受。

宋朝重文轻武，使其内部环境有很大的调整。从北宋开始，武将受到抑制，文人的地位开始提升，使文治获得高度发展。宋太祖和宋太宗都认为一定要提升知识人的地位，让他们在政治决策过程当中充分表达意见，如果做不到这一点的话，可能会接连出现政治上的重大失误。在宋朝，知识人无论怎么议论国事都不会获罪，两宋没有言论罪，知识人享有秦汉以来中国历史上最为充分的学术自由、言论自由。这

第17讲 中国文明新高度：宋朝的建立及其发展

是宋朝学术高峰不可或缺的外部条件。

知识人成天非议国事，皇帝当然也会生气，不生气证明他没有思考。开明如唐太宗，也是要面子的，但是谏臣魏征从来不管他的面子，老是当面批评唐太宗，让他下不了台。有时候唐太宗实在忍不住了，对魏征说，哥们，这事儿你可别当着这么多人说，给我个面子，私下里怎么说都行。到了宋朝，统治者对知识人也是这样，希望他们给自己留点面子。但是宋朝的知识人更不理会皇帝，而且有时候以被处罚为荣耀，觉得自己总算在历史上留下了一笔。苏轼、欧阳修，他们都是因为反对皇帝而被流放，他们的"反"不是谋反，而是因为"爱"皇帝而"反"，就是不赞成皇帝的观点和主张。皇帝对他们很恼火，但是既不能杀也不能抓，只能流放。被流放以后，这些知识人就开始大玩"行为艺术"。今天杭州能够留下这么多美景和苏轼有很大的关系，海南留下的文物古迹很多也和他的流放有关。安徽阜阳颍州西湖和滁州醉翁亭，都和欧阳修被流放有关。在这种状态下，宋朝的言论空间被打开了，知识人可以自由地议论政治，也使后代的知识人觉得宋朝是一个值得肯定的王朝。因为知识人是话语强势群体，可以一字褒贬。

宋朝也有它的问题，最大的问题在于统治者会"远交"而不会"近交"，不知道怎么处理周边外交，宋和辽、西夏、金、元都发生过冲突。宋朝的经济增长主要依靠全球贸易，而不是同周边政权的贸易。但周边这些政权也需要与中原贸易，购买他们所需要的物品。宋朝忽略了这一点，因而几百年总显得宋人会"远交"而不会"近交"。

两宋是全球贸易的主导者，我们后世讲的白银资本最初就是从宋朝全球贸易开始发生的。各位可以去读《东京梦华录》，那里面描述的各行各业的繁荣程度和市民生活的舒适度，达到了中国历史的最高峰。有人调侃说，北宋时的武大郎，一个卖烧饼的，就可以在繁华的东京拥有自己的住房，就可以养着一个那么漂亮的全职太太。这样的生活，今天的中产阶级也很难获得。宋朝的城市不是西方资本主义发展之后的近代城市，而是接近于西方中世纪的城市状态，社会阶级秩序出现，但是城市生活的舒适度是很高的。当然中国的古典城市不是从宋朝才开始的，根据考古发现，新石器时代已经有了大规模的都城。至战国，北方的邯郸、临淄等，都是有相当人口规模的古典城市。

北宋的内部管理要依托外部经济的回馈。通过对宋朝和全球贸易关联度的研究，我们可以感觉到宋朝在全球贸易当中占有相当重要的地位。有学者通过计算，认为宋朝的 GDP 在当时是世界第一，并阐述了宋朝生活的舒适度如何如何高。我们今天去讲这个东西，一般性地理解一下就可以，回算到一个具体的数据上去难度非常大。黄仁宇说过，中国原来数字化管理的概念是大而化之，不只是小数点之后忽略不计，在百、千、万的计算当中也经常不顾及零头。因此我们对于宋朝的社会经济生活不能很较真地去处理，但是

第17讲 中国文明新高度：宋朝的建立及其发展

宋朝在全球贸易当中释放出的影响还是非常大的。这些年在距离中国本土很远的地方比如非洲的东海岸，都发现了宋朝的大船，表明宋朝的贸易力量已经投放到那儿去了。境外的商人也来到中国进行贸易，泉州和杭州在当时都是重要的贸易集散地，来自中亚、西亚甚至地中海沿岸的欧洲、北非的商人，都或多或少在泉州留下了自己的印记。泉州能获得世界文化遗产的美名，就是因为其宋元时期成为全球贸易一个极为重要的中心。现在的泉州，仍然有来自各个文化区域的文化遗存，由此也反衬了两宋在全球贸易发展中的地位。

宋朝能远交而不能近交，两宋都受制于周边外交，原因在哪儿？其实就是一个实际生存的问题。宋朝面对的几个周边族群都是以游牧为主要的生活方式，两宋王朝的统治区域则几乎都是农耕地区。农耕族群和游牧族群之间的差别主要体现在生活物品上，再具体一点，主要体现在吃和穿这两个方面。

如果一天到晚只能吃牛羊肉，谁都受不了，而吃又是人最基本的天赋权利。我明明看到你那儿有却吃不到，我想跟你交换你又不跟我换，我说你先借给我你又不借，那怎么办？我只能去抢。先民最初的争夺不都是从这儿开始的吗？统治者如果真的能够有尧舜那样的气度，有我吃的一定有你吃的，我吃的东西肯定分一半给你，那天下就不会有争夺。

在边境贸易问题上，两宋没能处理好同游牧族群的关系。宋朝之后中国民族主义的高涨，就是因为没办法正确理解因周边贸易失衡导致的冲突。1919年中日因为青岛问题在巴黎和会激烈争吵的时候，严复有一封信，他说从宋朝开始，中国的士大夫阶层不敢讲妥协，只敢讲斗争。打胜了是英雄，打败了也是英雄，还能获得一个好名声，但是只要妥协，一定被骂。两宋在边境贸易上，一直没有协调好同周边族群的关系。在边境贸易上，应该理解对方的难处，比如说你今天需要多少粮食，我尽量想办法给你调配，而你给我们提供一些羊、牛、马。如果当时处在这种妥协状态，就可以把一个王朝同其他族群的关系协调好。但是两宋每每在该谈判的时候诉诸于战争，从北宋到南宋，所有的冲突都是边患，都是边境冲突，而边境冲突是由边境贸易引起的，两宋问题的本质就在这儿。

两宋是全球贸易的主导者，但是没能处理好周边贸易，这是宋朝发展中的一个大问题。

第18讲
又一个分治时代：宋辽金西夏

对于辽、金、西夏、元的历史，我没有做过很精深的研究，身为历史从业者，我只是对这几个朝代做过一点普遍性的阅读。在今天的中国学术界，辽史、金史、西夏史、元史的研究像敦煌学和甲骨学一样，属于显学。如果把所有的中国历史学者列出来，你可能觉得研究辽、金、西夏、元的学者不怎么出名，但是在国际学术界，这些断代史学者的地位可能非常高。他们在建构一个常人根本不知道的历史叙事。

20世纪80年代我们读书的时候，至少我个人在读通史的过程当中，对研究这几个周边族群历史的专家还是非常敬佩的。比如南京大学的韩儒林教授，一个人掌握了几十种死文字，他研究蒙元为主导的周边族群的历史，早年曾经到欧洲留学，师从欧洲的学术大师。他的作品不是很多，但是每一篇都在解决一个重大的学术问题。另一个代表性人物是中央民族大学的翁独健教授，主要研究蒙元帝国的历史。翁先生1986年就去世了，我没有见过他，当时他在我们那一代人中间完全是个传说。他的学问很精深，熟悉很多死文字，最牛的是他只发表过几篇学术论文，就奠定了自己在史学界的地位。当代比较出名的是北京大学的刘浦江教授，他专门研究金史，对元史、辽史也有研究，前几年刚刚去世。年龄不大，非常可惜。辽、金、西夏、元史的研究难度很大，但是比我们讲的泛泛的中国史要精深许多。

学历史的要想在国际学术界打出影响力，不能只讲泛泛的通史，而是要研究比较尖端的、冷僻的学问，这是绝学。20世纪中国历史学术传承当中，影响力最大的就是敦煌学、甲骨学、契丹学、蒙元历史。这几拨研究者识读了一些死文字，才把学问给激活。"二十四史"中没有专门的西夏史，《辽史》《金史》《元史》也有很多错误。如何把这些冷僻的学问提升起来，可能需要史学界去共同努力，多下一些功夫，让中国古代的历史叙事变得更加完整。

回到主题，宋、辽、金、西夏，它们并存的几个世纪，实际上是在延续南北朝时期北部中国的发展，而且比五胡十六国发展的体量更大，规模也更大，延伸的距离更远，而且更集中。在西北地区形成了西夏政权，辽和女真先后在北部地区崛起。这一时期的族群整合比南北朝时期更急剧、更明显，原来很分散的族群都在这个过程当中结合起来了。

第18讲 又一个分治时代：宋辽金西夏

两宋是文化上的先进，文明的延续性也很长。辽、金、西夏是文化上的后进，对两宋的先进文化有一个汲纳学习的过程。同南北朝一样，宋、辽、金、西夏时期的中国也处于分治状态。因此，我们后人理解那段历史的时候，不必有所谓的"正统观"。今天我们敢这么讲，当年我们上大学的时候可没人敢这么说。我的老师当年讨论过"正统论"，中国历史上的正统和周边是一个久远的问题。什么叫正统？那就是华夏。如果不排斥夷狄，不讲华夏正统，中国历史上有很多问题就难以处理。但是我们今天在全球史的背景下，从大历史叙事的角度来看，辽、金、西夏这几个政权都是分立政权，他们的文明程度可能比我们原来估计的要高。比如女真人，他们在北部中国持续了很长时间，许多研究表明他们族群的出现并不比中原地区的族群迟，至少在周初就进入了历史记载。10世纪之后，这些族群逐渐构建了比较完整的政权，和宋朝长期对峙，时有冲突，深刻影响了和宋朝的关联。如果不注意女真的早期历史，就很难理解清朝的历史。我们不要老是说周边族群的文化很浅薄，历史很短暂，没有充分的汉化或者没有文字。其实汉人有文字的历史最多也就3000年，在人类漫长的历史长河当中，3000年也不过是短暂的瞬间而已，没必要因此而傲慢。

周边族群也许很长时间没有文字记事，但是仍然可以通过其他方式来记录自己的历史，比如通过一些早期符号，并不一定要形成像汉字那样的方块字来进行书写记录。女真人建构的军事管理制度和社会组织方式，对后来满洲人的制度建设有深远的影响。如果再说人家是周边的愚昧族群，就有点说不过去了。所以我们不必再从华夏中心论的立场出发看待周边族群，我们应该看到在一个生命共同体当中，周边族群在这个地方深耕细作，经过几百上千年的发展形成这么一种状况。在后来的某种历史偶然性当中，再和其他族群融合，不就使这个共同体更大了吗？这才符合人类发展的一般趋势。契丹建立的辽和女真建立的金，大概都要从这个层面去理解。他们族群的发源可能比汉人迟，但是迟的同时，他们也在走自己的路。10世纪前后，各个族群都有一个比较大的发展。这种发展对外部空间有很大的需求，而在近代以前，这种对空间的需求没办法通过平等的协商去解决。在中国古代史中，族群之间通过平等的谈判，说咱们合邦了，咱们合群了，这种状况是很少的，通常都会诉诸于战争。

岳飞的《满江红》把战争描写得很残忍，但我觉得其中文学性色彩比较强。我们去理解古典的战争，一方面它确实有战争的形象压过来，但是背后更多的是边战边谈。各族群最终的目标是生存，各自的诉求亮出来之后，能解决就解决，不能解决那就只能在战场上打，打完之后再次尝试妥协。所以研究这一段历史，我们不能站在华夏中心论的立场上，把辽、金、西夏一概视为异族政权。当时对赵宋王朝而言，辽、金、西夏的确是异族政权，但是我们作为1000年

第18讲 又一个分治时代：宋辽金西夏

之后的讲述者和阅读者，没必要有那么强的代入感，以赵宋王朝的传承者自居。前代学者的注意力大多在几个族群之间的冲突上，到了我们这一代学者，至少从我个人来说，我主要关注的不是冲突，而是各族群的发展和相互吸纳。

金庸先生的几部经典作品，比如《天龙八部》《射雕英雄传》《神雕侠侣》，都涉及宋、辽、金、西夏、蒙古等族群之间的冲突和妥协。通过阅读原著和观看改编的电视剧，我觉得金庸先生和那些电视剧的编导们的历史感是对的，在这个过程当中，你很难感觉到这是一个严整的异族和华夏文明的冲突。

赵宋王朝并没有处于文化上的绝对制高点，周边族群同中原族群在文化上没有绝对的落差。各族群之间还是处于相互交流、各自调整的状态之中，中原文明向四周辐射，四周进行接纳。四周的族群作为后进者，在接纳先进族群文明之后，很可能后来居上，在某方面超过先进族群。西南地区的大理国是后进，但是到了辽、金、西夏这个时间段，它在文明进化上和中原地区已经没什么差异，很多方面还反超了中原地区。从大历史叙事角度去看那段历史，我们作为后来者，可以居高临下地体会中原族群同几个周边族群自由发展、互相吸纳的过程。

两宋留下来的文献相对多一点，但是辽、金、西夏，他们留下来的文献比较少，而且很多文献是死文字，识读比较困难。这对研究这段历史的学者提出了一定的挑战，但是我们如果能通过各种方式克服这些困难，构建出这些族群清晰的发展脉络，对我们完整理解 10 世纪以后几个世纪的中国历史会有很大帮助。

第19讲
大一统：草原帝国的急剧扩张及其挫折

所谓蒙元帝国，指的是蒙古人建立的横跨欧亚大陆的王朝，蒙元帝国在中国历史上是一个非常复杂的存在。今天的中国历史叙事以及王朝谱系当中讲到的元朝，很多时候仅仅指蒙古人统治下的中原区域，并没有包括那几个汗国。这是一个很复杂的问题。

在构建中国历史叙事的时候，我们如果只谈小范围的元朝，不谈横跨欧亚大陆的蒙元帝国，很多问题就不好理解，比如马可·波罗是否来过中国。《马可·波罗游记》当中对大都以及江南风光的细致描述，让人不得不相信他确实来过中国，但是很多研究者通过考证认为马可·波罗没有来过中国。如果我们转变一下思维，想想马可·波罗有没有来过蒙元帝国？那应该就没什么争议了，他来过。因为这个时候的蒙元帝国横跨欧亚大陆，我们传统思维中的元朝只是其中的一部分。在大概念当中，马可·波罗到过蒙元帝国，他也许没亲自去过杭州，但可能从别人的口中听到过对杭州的描述，这就是"亲见""亲闻"和"传闻"之间的差别。

除了马可·波罗之外，还有一个问题值得我们思考，那就是为什么在蒙元统治的13世纪，中西文明的沟通能够这么顺畅？13世纪，西方的东西进入中国，而包括后来所谓"四大发明"在内的中国文明的许多东西也在这个世纪传到了欧洲。这些都是在一个大帝国内部进行的，阻力当然小了许多。蒙元帝国和中国历史上的其他王朝一样，为了方便皇帝出行以及巩固统治，非常注意修路。古代王朝统治者修路和我们今天修路不一样，我们今天修路主要是民用，而帝王修路则主要考虑的是为政治统治和军事行动服务。蒙元帝国修路，为一个大帝国内部的沟通交流提供了便利。我们在讨论蒙元帝国世界性的时候，一定要认识到，它是一个由蒙古人统治的横跨欧亚大陆的大帝国，不仅有传统叙事中的"元朝"，还包括那几个大的汗国，这才是蒙元帝国的真实概念。

在我们的中国历史叙事当中，应该把原来的"小"元朝史还原为在历史上真实存在过的蒙元帝国史，这样才能看到王朝更替中扩大和收缩的动态历史场景。蒙古贵族四处征伐，扩张得很厉害，等到他们退出中原，接续统治的明朝又收缩得很厉害。

第19讲 大一统：草原帝国的急剧扩张及其挫折

蒙元帝国的统治者是来自蒙古高原的草原民族，与农耕族群建构的帝国相比，草原帝国最大的特征就是它的流动性。我们看蒙元帝国的历史，蒙古骑兵到处征伐，很多时候并不是想在这里安营扎寨，建立持续性的稳固统治，而是想证明自己来过这里，这种特征好像给很多地方的人留下了悲伤的记忆。我到韩国去的时候，看到了一种观赏用的小马，当地人说这是当年蒙古人打到朝鲜半岛时留下来的东西，这似乎是一个悲伤的被征服的记忆。现在很多中国人一提到元朝，似乎也充满了悲伤，感觉是一部被征服史。但是我们如果超越性地看历史，不把自己想象成汉人王朝统治下的臣民，而是用一种欣赏的眼光，蒙元其实是一个大开大合的大帝国。

在蒙元帝国的统治下，赋税和劳役相对比较轻。我们今天很多人觉得元朝的统治很残忍，压迫知识分子，压迫汉人等，比如什么"九儒十丐"、四等人制。这几年我读了郑天挺的日记，里面有一条引起了我的注意。他说明初的时候，很多老百姓非常怀念元朝的统治。我们今天的历史叙事讲，元朝末年农民起义接连不断，是因为蒙古人的统治很残暴。但是郑天挺告诉我们不是这么一回事，元朝的统治架构很松散，官僚队伍又不是很庞大，在财政上基本是量出为入，所以明朝初年，很多老百姓怀念元朝，觉得元朝是一个不错的统治形态，这也是我们讨论元朝历史必须注意的一个东西。

关于元朝统治者是否汉化这个问题，我觉得站在历史实用主义立场来讲，它不构成问题。建立唐朝的关陇贵族、建立蒙元帝国的蒙古贵族，以及后来建立大清帝国的满洲贵族，他们都不存在我们今天讲的是否汉化的问题。因为要统治一个庞大的帝国，特别是像蒙元这样的大帝国，（其统治范围包括）欧洲、中亚、南亚，（但）它最中心的统治区域仍然是汉文明地区。为了强化对汉文明地区的控制，蒙元统治者的汉化是不必怀疑的，因为我要统治你，我就必须要和你的文明沟通。孔子在元朝被封为"大成至圣文宣王"，蒙古统治者和后来的满洲统治者，他们某种程度上比其他朝代的汉人统治者更加推崇儒家学说和孔子，表明他们愿意接纳中原地区的文明。在元朝的统治当中，汉文明的成分还是很多的，蒙元帝国对中国传统持接纳和继承态度。

经过几百年的冲突、磨合，到了唐朝晚期，儒释道三教基本上合在一起了。同两宋并立的西夏、金等周边政权对儒学相当推崇，说明儒家文明已经开始向周边释放。两宋时期，中国文明本身有一个大的调整。北宋五子（张载、程颢、程颐、邵雍、周敦颐）的崛起解决了一个大问题，他们把唐朝时期三教冲突摩擦的地方完全消解掉，构建了儒学的新形态——理学。我们后世常说"宋明理学"，宋和明之间的关键节点是元。蒙元帝国是一个整合性的大帝国，元朝对中国传统起到了承前启后的作用。它继承了从唐朝到两宋的文明演化，这个演化的基本趋势就是各个教派从冲突走向整合。

第19讲 大一统：草原帝国的急剧扩张及其挫折

在这之前，儒道之间的隔阂很深，儒家长期看不上道教，觉得道教层次太低了，都是一些炼丹、老祖什么的。在南北朝时期，北方道教的代表人物是寇谦之，南方道教的代表人物是陶弘景，他们主要还是致力于炼丹，追求长寿。到了唐朝，很多思想家仍然痴迷于炼丹，比如韩愈。明清时期，炼丹依然是一种时尚，许多帝王长时期沉溺于其间，不惜荒废朝政，甚至不惜以身尝试，有的则不幸早逝。

宋朝时，道教在思想层面上发生了很大的变化，讲究阴阳化生，陈抟老祖明显把道教整合到儒家体系当中。我们读两宋的史料，特别读朱熹的东西，可以感觉到道家思想在整个儒学体系当中已经不再有什么隔阂，一些儒家思想家已经开始运用先天八卦图来阐释自己的理论。

从唐到宋，之后再传到明，宋明理学构成一个完整的单元，中间如果缺少了元朝这个环节，当然是不对的。因此在中国思想史的研究以及中国文明传承的脉络中，元朝都是一个不可忽视的节点。

现在国内外学术界都承认宋明理学是中国文明的高峰，实现了质的突破。宋明理学已经不是汉唐时期的经学，也不是先秦孔子的儒学，它是一个新的学说。理学接纳了大量非儒家的东西，比如佛教学说。经过同其他教派的摩擦以及佛教自身的发展，佛教的因明学在晚唐时期已经很自然的融入儒学体系当中。

到了宋朝，佛教的表达和儒家已近乎没有隔阂。我们读宋朝的佛教经典《传灯录》，你会有在读儒家经典的错觉，因为二者的思想要义都差不多。这种东西传导到明朝，构成了宋明理学，中间的环节就是元朝。

《极简中国史》是要重新构建中国历史的叙事，在这一重构中蒙元帝国的作用很重要。秦汉构成了第一帝国，魏晋南北朝是第一帝国解体之后的分治时代。隋唐则是继秦汉之后的第二帝国，第二帝国解体后，中国历史进入到五代十国时期。赵宋终结了五代十国，但它没有重建一个帝国格局，宋同辽、金、西夏等政权并立，是第二帝国向第三帝国过渡的分治时代。这个分治时代实际上是在为后来第三帝国的出现做准备。

第一、第二帝国都有一个前导性的试验期，分别是秦朝和隋朝，二者持续的时间都很短暂。当中国历史转型到第三帝国的时候，元朝在某种意义上起到了秦和隋的功能，是带有前导性的失败。几百年分治之后，蒙古贵族重建统一，但这个统一又是不稳固的统一。蒙古人最后退回漠北，这和朱元璋"驱除鞑虏"有关，也和一直在民间流传的"胡制不过百"有关。胡人统治中原，如果不进行充分的汉化，政权不可能超过100年。蒙元帝国有汉化，但是毕竟不彻底，这和草原游牧状态有关。

蒙元帝国在推动全球贸易上获得了很大的发展。在陆路上，蒙元帝国横跨欧亚，自然不成问题。走陆路来到东方的中亚、欧洲商人很多，不只马可·波罗一个。宗教的交流也

第19讲 大一统：草原帝国的急剧扩张及其挫折

是这样，基督教在唐朝就曾传入中国，被称为景教。元朝，基督教再度来到中国，被称为也里可温教。

蒙古统治下的中国不仅是一个草原帝国，还是一个海洋大国。蒙元帝国继承了从唐到宋的海上交通，有漫长的海岸线，航海贸易很发达。在唐宋时期，航海贸易已经蔚起。在两宋时期的全球贸易当中，中国占的份额非常大，达到了30%—40%，宋朝财政收入有相当一部分来自全球贸易。过去很多研究者讲，宋朝是全球贸易的主导者，到蒙元统治的时候，它更大地推广了全球贸易。它意味着全球的沟通和交流可能要迎来一个新的时代。蒙元帝国解体之后不久，大航海时代到来了。蒙古人的统治，实际上是大航海的前奏和序曲。

第20讲
驱逐鞑虏，重建汉人王朝

蒙古统治者长期没能适应中原以及南方的气候，皇帝一直处在游走状态。从元大都到元上都的路修得又宽又直，因为皇帝坐的是几十匹马拉的大车。这种明显的游走性表明蒙元帝国统治者很难在一个地方真正留存下来。

元朝在中国的统治不到100年，在中国的历史脉络当中，我们很多时候觉得它是个异族政权，其实不是这样。上一集我们讲到中国文明传承当中有一个很重要的东西，那就是宋明理学，"宋"和"明"当中夹了一个元朝。"宋元明"才是一个完整的表达，因为宋和明不是直接交替的，中间有一个过渡，所以元朝思想文化的传承对后面的影响还是很大的。

对中国历史来讲，元朝不只传承文明，还有制度安排。

第20讲 驱逐鞑虏，重建汉人王朝

元朝在中原地区建立统治之后，它的一个制度安排一直影响到了今天，那就是"行省制度"。我们今天的行政区划基本上没有脱离元朝人当年所给的规范。当然元朝人的规范也是渊源有自，它来自秦朝郡县制的架构，研究历史地理、行政区划的历史，可以在这方面看得很清楚。元朝的行省制度不仅是区划问题，还有制度安排。中央有几个部院分工协作，有专门管军事的，中书省管全国行政。之后设立行中书省，在地方采取垂直管理，中央政府派人来做行省的长官。中央部院的省制在汉朝已有雏形，唐朝有三省，演化到元朝的时候，构成中央和地方的联动。这种制度在中国历史上的影响力还是很大的，直到今天，我们也只是对它进行修补，而没有根本性的变革。

明朝没有完整继承蒙元帝国的疆域，王朝更迭有几个重要因素：疆域、外交、人民。人民是不是都跟你过来了，疆域是不是原来的疆域，外交是不是传承下来。相对于元朝的辽阔疆域，明朝的统治范围大幅度缩小，其实它是"小明王朝"。

在后来的历史讨论中，有很多人认为中国北方的边境应该以明朝的界限为准，我认为历史上中国的边境是动态的。讲中国历史的空间应该还原到当时的真实情况，元朝扩大就是扩大了，明朝缩小就是缩小了，到了清朝又扩大了。我们不能以今天中国的疆域为基点来往回看，也不要很狭隘地站在汉人立场上看中国王朝的更迭。王朝更迭实际上是不同族群在这块土地上创造、结束,然后离开。

明朝的政治严酷主要还是体现在朱元璋时期,朱元璋施政的严酷性达到了中国历史的顶点。他可以在朝堂上羞辱大臣,严惩贪官,对其剥皮实草,这在中国历史上是极为罕见的。它导致的结局就是让当时的人怀念元朝,觉得还是元朝宽松的统治比较好。

明朝对外部始终有一种恐惧,这种恐惧超过任何一个朝代。明朝在南部中国实行海禁,在北部中国修长城。放到历史的脉络当中去观察,明朝修长城主要防范的是被它驱除的"鞑虏",这一点我们在大量的史料当中都可以看到。因为朱元璋采取的策略是"驱除鞑虏",而不是消灭"鞑虏",征服"鞑虏"或者同化"鞑虏"。

总体来讲,明朝立国的时候,它立足于继承想象的汉人的小共同体,认为蒙古人建构的帝国是外来政权,把它驱逐出去,这种政策导致明朝200多年始终面对一个历史难题。蒙元帝国在中原统治了将近100年,繁衍了几代人,等到朱元璋"驱除鞑虏"的时候,繁衍下来的蒙古人不可能都跟着元顺帝逃到大漠以北去。我读梁漱溟的族谱,他们家的一世祖就是也先帖木儿的后人,是正儿八经的元宗室。封到大理那个地方作为藩王,之后繁衍着,后来再调整到桂林,经过元朝100年的发展,怎么走啊?没法走。蒙古人被朱元璋赶到漠北以后,梁家这一族就留了下来,并且把姓改成"梁",因为他们当时所处的地方就是原来孟子见梁惠王的梁国。梁

第20讲 驱逐鞑虏，重建汉人王朝

漱溟曾经很自豪地说自己是南北文化的混血儿，觉得自己性格当中结合了南北的优点。

回到刚才的问题，明朝要在北部地区修长城，是因为蒙古人被驱逐之后，他们的政权并没有完全解体，北元一直存在到1635年，最后败于满洲人之手。有一部分蒙古人被朱元璋驱逐走，更多的人留了下来。这样一来，走的人和留下来的人之间有了情感上的需求。逃到大漠以北的人不断通过各种方式回流，他们回来不是为了掠夺，而是想看看自己的亲人。中原地区的蒙古人也不断通过各种方式偷渡出去。明朝面对的最大外部压力来自北方，如何解决这个问题？前几年特朗普是怎么做的？为了防止非法移民，他在美国和墨西哥的边境修墙，其实他还是借鉴了明朝的经验。明朝修的长城并没有把两边完全堵死，而是留了一些诸如山海关、张家口之类的关口，一定条件下允许规范地进出。因为这是人类最基本的伦理需求，这样我们才能够理解在北部中国修长城的意义。

修长城某种程度上也是出于经济上的考虑，可以规范贸易。贸易的本质是互通有无，我有，你无，才能形成贸易；我有，你也有，就不能形成贸易。逃到漠北的蒙古人和留在中原的这一部分，他们有贸易的需求，后来就是茶马贸易、边境贸易，他们要到中原农耕地区买茶叶。明朝建构之后，北部不断发生贸易冲突，形成一种扰边。完全禁止贸易是不现实的，只能对贸易加以规范，所以修筑了长城，留出一些贸易集市。

　　研究历史的时候一定要注意"后政权时代",和我们讨论三代一样,元明清也有一个重叠期。并不是朱元璋建立明朝之后,元朝就彻底结束了,蒙古贵族继续活动在大漠以北,伴随着明朝存在了200多年。

第21讲
大航海时代的机遇与错失

现在有很多人认为朱元璋是民族英雄,因为他赶走了蒙古人,重建了汉人王朝。实际上我们如果用全球史眼光居高临下地看历史的演进过程,明朝并没有继承大元帝国的法统、疆域、人民,以及对外关联。蒙元帝国转型为北元帝国之后,明朝在北方实行关闭政策,修筑长城,对贸易和交流进行管制。

明朝建国前后,正是全球大航海开启的时代。唐、宋、元这几个王朝都有充分的对外贸易活动。中国人的贸易历史可以追溯得很远,商朝之所以称为"商朝",就是因为商业发达,几乎全民经商。中国古代虽然有"重农抑商"的说法,但统治者要抑的是管辖区域内的商业活动,防止商人坐大,并不禁止中国商人向外进行贸易活动。

从汉到宋，在中国南部海岸，对外贸易已经形成了悠久的传统。这两年水下考古获得了很大的进展，在南海以及境外海域都有大量发现，表明在明朝之前，中国的航海已经很发达了。

在大航海时代中国本身也接触大航海。明朝初年从南部走出去的大型船队以及永乐年间郑和下西洋，表明明朝本身的航海技术与航海规模和全球大航海时代是同步的。如果不发生其他意外，这种同步可以使明朝沿着一个海洋帝国的思路走下去。

通过阅读古史，我早就认为中国是一个海洋性的国家，因为那么长的海岸线，不论北方港口还是南方港口，一直都有对外功能。秦朝时期徐福带几千童男童女东渡日本，并不是从南方港口走的，而是从苏北地区的港口出发的。

在全球化背景下，中国为什么从原来的对外开放形态转型为自守的状态，一个不愿意和别人来往的状态。

明朝在北方实行封闭政策是因为蒙古带来的压力。蒙古是游牧族群，它需要中原地区的粮食和茶叶，但是它能提供的东西很有限，牛、羊、马，就是这些东西。从秦汉开始，中原王朝总是觉得跟北方游牧族群交往是吃亏的。农业文明可以自给自足，我有吃有喝，就是少了羊肉和牛肉，并不致命。北部游牧族群能够提供交换的东西很少，而自身需要的东西很多，并且都是涉及基本生存的物品和食品，要靠中原农业文明去供给。因此从北方来讲，明朝有压力。

第21讲 大航海时代的机遇与错失

那么南方呢？永乐皇帝是通过靖难之役夺取的皇位，多少有点篡权的意味。攻破南京后，建文帝活不见人，死不见尸。有一部分研究者认为朱棣派郑和下西洋主要是为了寻找建文帝的下落。我们今天有很多人批评郑和下西洋不是大航海时代的贸易，只是为皇室做些物质性的交换，其实它最重要的功能还是寻找建文帝。这样从永乐朝开始逐步把南部中国沿海线给封闭起来，中国原来的贸易形态被阻断了。这种调整又衍生出其他的问题，在明朝漫长的统治时间里，闭关是常态，走私贸易在这个时候开始慢慢衍生出来。贸易是交换，是人类的本能，按马克思的观点，只要利润够高，就会有人愿意冒生命危险去贸易。在合法贸易不被允许的时候，商人们只好铤而走险，于是出现了海盗。

明朝出现走私和政府管制贸易有关。唐宋时期贸易那么发达为什么没有出现走私，没有倭寇？因为贸易处在自由状态。中国是贸易自由的最先行者，明朝之前中国并没有出现大规模的海盗和走私活动。但是到了明朝，永乐朝以后开始管制贸易，走私开始出现。

管制贸易形态虽然有诸多弊端，但它也产生了一个意想不到的好处，那就是贸易顺差，管制方一定形成贸易顺差。在明清两朝漫长过程中，很多国家在同中国进行贸易，但是中国始终处于贸易顺差的地位。其实明清两朝的统治者不理解这里边的意义，贸易失衡状态下的顺差是没有意义的，形成顺差表明你的贸易不活跃，简单说就是你没有消费，不购进，只出口。

我们看明清两朝的贸易，一直到《南京条约》签订，几百年的贸易失衡主要表现为大量白银流入中国，中国出口的只是一些初级农产品。今天我们弄个元朝瓷器当然觉得很值钱，但在当年它就是一个初级农产品。我们看水下出土的南海大船，里面有大量的瓷器，表明瓷器当年根本不是很珍贵的文物，只是作为一般商品出口到国外而已。

茶叶、丝绸、瓷器都是初级农产品，它们换回来的是真金白银，这种贸易方式符合中国传统的商业伦理，那就是愿买愿卖，并不强调对等原则。

在明朝，中国市场一直没有获得真正意义上的开发，以小农经济为主导的体制一直没有在国际贸易背景下获得真正的冲击，中国的初级农产品在小农经济状态下很难得到增值。从明朝开始，大量白银单向流入中国，中国出口了许多初级农产品，但中国农民并没有因此富起来，他们仍然过得很清贫。到康雍乾三朝，特别是英国工业革命之后，欧洲城市化提速，有闲阶级渐多，慢慢衍生出消费体制，进口中国初级农产品的量更大，但仍然没有使中国农业自然经济发生裂变。在这个过程当中，贸易的管制和禁止是一切问题的起点。

大航海发生之后，在全球贸易背景下，中国的社会结构没有解体，但是白银资本的流入也给中国带来了变化。我们看黄仁宇的《十六世纪明代中国之财政与税收》，书中认为

第21讲 大航海时代的机遇与错失

白银单向流入中国，给中国提供了税收制度改革的机会。在原来的实物经济状态下，农民每年交一定的粮食和布匹，这些都是物品，不能形成后来现代意义上的税收体制。但是等到白银大量流入之后，在张居正的主导下，朝廷开始调整税收制度，最后走向"一条鞭法"，把各种赋、税、徭全部合起来。一部分人可以出钱购买徭役的时候，就从这里边解放出来了，我可以用钱来抵，这就使晚明以来的中国社会发生了裂变。

中国资本主义发生的起点在哪儿？有人说是宋朝，宋朝的全球贸易商业格局、城市商业生活的发展，都意味着资本主义的开始。但是更多的人认为中国的资本主义最早发生于明朝中晚期的东南沿海，也就是所谓"资本主义萌芽"。我读书时老师讲的政治经济学就告诉我们，形成资本主义萌芽需要规模经济，要出现某种剥削才行，你到我这儿来干活，我付给你工资，购买你的劳动，这是你价值当中的一部分，我剥削了你的劳动。

中国社会发生裂变不仅体现在社会结构的变化上，更重要的还有思想方面的调整。黄宗羲对专制主义进行了反思，认为君主专制是一切罪恶的根源。还有顾炎武对地方自治主义的重新思考，李贽对人的自然本性的讨论，过去我们称其为"早期启蒙主义思想"。这些早期启蒙主义思想并不是从思想到思想，而是思想对社会存在的反映，这个社会存在就是社会在发生裂变。原来完整的自然农业经济开始发生了某种不一样，已经有一种外来的、近乎资本主义的东西开始在中国社会出现。

大航海时代对中国来讲是一个很重要的机遇，但是因为中国社会没有得到根本性的改造，中国没有抓住这个机遇。大航海时代我们已经有很好的航船，当然现在也有人怀疑郑和的船没那么大，因为动力系统无法解决，但是不管怎么讲，我们应该相信郑和下西洋有一个庞大的船队还是事实。从郑和到郑成功，我感到大航海之后最初几百年中国人征服海洋、控制海洋的冲动和事实，应该是不必怀疑的。

这个时候中国完全可以介入和世界同步的大航海时代，但是中国又错失了这个机遇。错失这个机遇当然有各种偶然性了，如果明朝在朱元璋时代不是驱除鞑虏，而是和蒙古旧有统治者进行一个妥协，对他们进行妥善安置，把大元帝国转化为大明帝国，让北方变得安宁，就不会有后来的长城，南部的沿海地区可能也不一样。

第22讲
管制贸易与贸易失衡

贸易管制和贸易失衡的核心问题是什么？其实就是"中国有资本主义萌芽吗？"这个问题。这个问题能分解出来的子问题有这么几个：问题一，明清时期，为什么世界上的白银大量流入中国？核心知识是白银与中国全球贸易。问题二，明朝末年中国是否真的出现了资本主义萌芽？核心知识是资本主义萌芽。问题三，明清时期的市民过着怎么样的生活？核心知识是市民社会。这一讲内容大体和上一讲有一些交叉，主题同样是中西贸易失衡导致近代中国问题的发生。我会从一个全球史的角度来解读，看看从中国方面来讲有哪些可以检讨。

从1842年开始到民国时期，中国的贸易逐步从原来的失衡状态调整为一个开放经济体的平衡状态。可以看到，晚清之后中国解决了贸易失衡问题,而它的解决路径就是我们探讨明清时期困境的路径。这句话比较绕。它的意思是什么呢?明清两朝在全球贸易中的贸易失衡引起了很大的困扰。这个困扰怎么解决?西方想通过谈判解决。从1788年开始,英国就想通过谈判来解决中英贸易失衡问题,但解决不了。

所以这些年我一直讲,想通过谈判解决贸易失衡在中国的历史上始终被证明是一条不通路。它的道理在哪儿呢?道理在中国的商业理念上。中国对财富的认识,对商业贸易的认识始终是:你买我的东西,你理所当然付钱嘛;至于我买不买你的东西,那要看你的东西我需不需要。这种财富理念使中国人从古代到明清,乃至我们当代,在整个贸易过程当中没有构成一个消费的观念。这种财富理念不是说通过贸易来增强我的幸福感,而是通过贸易增加我的财富。因此中国产生贸易失衡的原因,除了管制经济以外,最重要的一点和中国人的生活理念、价值理念有关。我想从明朝开始,一直到后来的贸易失衡背后其实都是这么一个逻辑。

同时在晚明,在一个贸易管制的状态,它使贸易失衡达到一种不可逆转的状态。这种不可逆转的问题在哪儿呢?它就在于使中国和世界几百年交往当中构成的贸易网络逐步失去了活力。这些年有一本叫作《白银资本》的书翻译出版,它就是在研究之前500年的全球贸易网络,讨论白银的流动问题。我们本身的矿产资源并不足以提供大量的白银供流通使用,但中国社会当中很早就有白银这个概念。我们看古典

第22讲 管制贸易与贸易失衡

小说当中,就有写"给几两银子""散银"。它里面并不以黄金作为交易工具,而是白银。在过去的几百年当中,白银逐步流入中国,到了16世纪成为中国财政制度改革的一个必备条件,有了它张居正才能实施改革,把各种徭役、赋税合并在一起,推行"一条鞭法"。这一改革首先就是在货币制度上的一个交流,只有可以通过货币很便捷的计量化,张居正才(能)这样做。但是中国自己的白银并没有那么多,哪儿来的?那就是从全球贸易失衡当中不断积累的。

没有真正解决的问题的症结在哪儿呢?它根本的症结就在于市民社会的问题。我们知道在近代世界,在资本主义发生之后强调的是市民社会背景,而市民社会背景强调的是什么?是中产阶级要形成一个大的阶级。就是中产阶级要让市民社会成为"橄榄型",它要大而其他的阶级要小,这是资本主义市民社会的架构。

十六七世纪的明朝到明清易代这个过程当中,中国的社会形态在全球贸易这种外部经济的冲击下有没有调整呢?当然有很大的调整。我们之前概括地讲了一下市民社会的发生,市民社会的发生其实对原来的这种纯粹的不消费就是个冲击。原来是纯粹不消费,那么到这个时候你再去看晚明时期的一个重要指标——秦淮河,把两者对比一下。通过记录今天我们可以知道当时秦淮河的名妓有多少,它是晚明时代奢靡之风的一个代表。当然我们不是要探讨伦理问题。它表明什么呢?它表明社会财富不再单纯以积累为诉求了,它是积累的同时进行消费。你要去消费,你要知道你的消费可以带动另外一波人的财富变动,消费是在给别人做贡献。所以从社会结构来讲,导致晚明社会这么一种状况,而这种状况使社会生活也在调整。资本主义在中国东南沿海地区慢慢发展,当地慢慢形成了一个新的阶级,而这个新的阶级出现,表明中国社会也不是绝对不需要西方的奢侈品,不需要西方近代的纺织品。

我们今天讲的明朝在东南沿海地区形成资本主义萌芽,它的生产方式,劳动力的雇佣制度,实际上在很大程度上就是受西方因素的影响。这是可以推导出来的。在过去二三十年,我们刚刚起步增长的时候,具体应该说,邓小平南方谈话之后的再增长、再起步的过程当中,第一波就是高仿潮。而这个仿制并不是仿制中国传统的东西,仿制的就是西方的东西。我们看到当代是这种状况,其实历史上也差不多。

我们后来研究历史上资本主义萌芽,研究东南沿海地区的资本主义生产方式与雇佣制度的发生,就是在福建和苏南地区。苏南地区规模经济就在上海附近,特别是纺织业的规模经济,一直到晚近在这里都是很大的。它实际上就是受外部世界的影响,使生产因素开始调整,引起中国的变化。

但整体而言,在农业文明的帝制时代,中国社会并没有发展出资本主义市民社会,它是一个超稳定架构。它的超稳定前提在哪儿呢?超稳定的前提就在于传统社会的不解体。我们读书的时候,金观涛夫妇他们在讲的就是超稳定架构,

第22讲　管制贸易与贸易失衡

当然金先生他们的研究当中没有从传统社会的这么一个顽固性来讨论。我们后来阅读梁漱溟的讨论，阅读社会学中关于中国社会结构的讨论，大量的内容都表明中国社会在帝制时代的农业基础上，形成了两大阶级，就是农民和工人两个阶级。农民不用多说，中国传统以农立国，农民当然一直是中国社会成员中的大多数，直到早些年，我国还有6亿—8亿农民。而这里的工人主要指的是手工业者，不是今天讲的产业工人。

那么这里面怎么调整呢？中国的社会又是怎么调整的？从明清时期我们就看到，中国社会一直不让农民阶级解体。这其实就是中国统治者所施行的儒家仁政。儒家的仁政一直觉得让农民完全破产，发生像英国的"羊吃人"运动，是很恐怖的。

关于西方路径，其实解释世界史的时候我们讲得太残忍了，说"羊吃人"运动就好像把人都给活活地赶出农村，但同时它带来一个工业化。今天在经过几百年的这样一种外国的影响，我们的农业仍然没有达到西方的水平。我们是农业立国的国家，结果我们农产品大量靠进口，这里面的原因在哪儿？就在我们没有规模性地去处理，没有让农民真正解体。

我们研究今天可以看到这个问题，实际上在中国历史上，在明清时期你也可以看到。在明清两朝实施管制的状态下，外国人逐步逐步退到境外去了，中国的商人也只能往广州这一口进行贸易，那么这种状况导致的结果是什么呢？它不是提高了中国社会的商业要素的活跃度，它实际上是遏制了商业经济的活跃度。为什么呢？粤海关的史料呈现给我们的是在这种管制贸易下导致的垄断贸易。管制贸易、垄断贸易导致的结局是什么呢？是贸易成本居高不下。最后达到中英两国的商人差不多都要付出40%的成本。这个时候它对贸易的活跃，对贸易的实质性的增长其实起到很强的抑制作用。抑制了对外贸易之后，也使中国的传统社会一直不能解体，而社会不能解体，消费主力就不能形成。中国社会当中农民和工人两个阶级是传统悠久的，一直到今天依旧存在。那么当你社会不能分化，不能形成一种产业规模，不能和全球经济真正结合为一体的时候，农民和工人这两个群体就仅仅是在维持着基本的生存苟活，不能形成强大的消费力量。

所以我们讲，在过去的500年当中，中国进行全球贸易是得到了这么一个好处：白银资本流到中国来，形成大量的财富积累，朝廷觉得很有钱。但是中国社会从15世纪开始一直到19世纪并没有发生裂变，即使是18世纪最繁华的时候也没有发生裂变。到了19世纪，中国的国门被强制性地打开，当然这种强制其实也是个妥协结果，才重回社会。我后来讲我们要理解19世纪中期中国的"开国""开关"，其实不过就是重回汉唐时期。汉唐时期就这样嘛，它就是一个自由进出。至于规范性，你国家当然可以规范，国家有海关，但它是一个自由地进出，那它不就是重回汉唐吗？

第22讲 管制贸易与贸易失衡

汉唐并没有一个动不动就禁止你贸易，不让你贸易了。所以这样去理解，从明清两朝可以看到，它们社会的阶级无法发生分化，仅仅依靠中国传统社会当中的两个贵族阶级——商人阶级和士大夫阶级——就不可能，这两个阶级的消费的力量太差了，因为什么？就因为它社会群体小。我们中国的读书人一直没有达到人口比例的两位数，在传统社会读书人在人口比例当中只有个位数，不到10%，更不在11%以上，那么这一个阶级的消费力就很小了。商人更不要说，大商人的话他自己就解决了他这种稀缺经济的消费，小商人就忙于挣点钱之后再积累、再扩大。所以，明清两朝的贸易管制所导致的结果，社会中人人不敢消费，很大程度上就是外贸不断增长，实际上反而使社会的板结化更严重。这是我想讲的，明清两朝的资本主义萌芽，国际贸易给中国的这么一个影响，以及中国本身面对这样一种贸易当中的一种应对。

第23讲
西学东渐与东学西传

在全球史背景下,大航海发生之后,除了商人以外,传教士也开始向东方活动。按照马克思的分析,伴随西方商品而来的有两种东西,一个是枪炮,一个是传教士。其实中国古代中原王朝向西部开拓的时候也是如此,通西域的时候都带着武装起来的马队,这符合自由贸易的原则。自由贸易原则并不是和平的原则,因为你经过的地方可能是不受保护的区域。

马克思后来解释得很清楚,商业在向外部推广的时候,一定要有武装力量来保护。近代著名思想家郑观应的《盛世危言》当中有一篇《商战》,他认为真正的重商主义归结起来就是一个问题:当你的商人在外面受到委屈的时候,作为他背后的政府,敢不敢发动战争?政府如果对商业重视,一

第23讲　西学东渐与东学西传

定会支持商人、帮助商人，为商业安全提供某种保护。

大航海之后，全球经济呈现出大流动状态，西方的商品往东方来，东方的商品到西方去，各自的商业船队带着各自的武装力量。18世纪晚期来华的马戛尔尼使团，他们的船队当中就有几百名英军。20多年之后，阿美士德使团来到中国，仍然带有军事随员。1860年，到中国来的外国使节仍然带着军队，因为他们要保证自身的安全。那个时候和我们今天不一样，今天美国外交官到中国来不能带军队，美国的海军陆战队只能在使馆内部警卫。

当时西方国家的宗教意识比较浓厚，所以跟随商船一起来的还有传教士。这些传教士都是职业传教士，大学里学的就是神学专业，毕业之后就是神父，这些人有一个我们无法理解的信仰体系。利玛窦30岁的时候到中国来，在华传教28年，最后死在中国。利玛窦这样的传教士到中国来是要开辟更多的信仰区，替上帝传播福音。利玛窦在中国亲手洗礼了两三千人，其中大多数是高官显贵。徐光启、李之藻，这都是大明帝国的当朝大臣，都是尚书级别的人物。

在晚明的时候，传教士到中国的经历都很曲折。利玛窦之前的沙勿略，他先在印度、马六甲一带传教，后来去了日本。沙勿略认为日本是重要的教区，在日本折腾了很多年，进展不大。日本人对他说：中国是我们的老师，你们如果能让中国人信你们的教，我们也信。这样，沙勿略就把目标转向中国，但是他费了很大劲都没能进入中国。等到16世纪

80年代，利玛窦和罗明坚等人终于进入了中国本土。他们用各种方式和地方官交往，说：我们的人和船上的东西都被暴雨淋湿了，能不能从人道主义角度出发，让我们到岛上休整一下，我们再送你点礼品。

当年送的礼品当中，最重要的就是钟表，明清两朝有多位皇帝无限酷爱钟表。那个时候的钟表是机械性的，中国人之前没见过，觉得很莫名其妙，怎么能给它上了发条之后，就一直走，到了时间还能打铃？这些西洋的东西在中国没什么市场，是因为老百姓用不到。到了19世纪，顽固派称这些稀奇古怪的东西为"奇技淫巧"，在晚明，偏偏是这些"奇技淫巧"获得了中国知识阶层的青睐。

利玛窦历尽艰难险阻，终于打开了进入中国的通道。利玛窦进入中国后，很快就使中国的普通民众和达官显贵接受了自己的学说。利玛窦比较注意"入乡随俗"，他穿上和尚的服装，因为他觉得中国士大夫阶层不排斥佛教。他没有强调自己来自遥远西方的基督教、天主教、耶稣会，他给人的感觉就是一个来自远方的和尚。利玛窦并没有要求中国人信上帝之后就摒弃之前的其他信仰，接受洗礼以后，仍然可以继续尊孔祭祖，还可以进庙烧香，还可以相信因果报应。后来的学术史把利玛窦的传教称为"适应性传教"，就是适应中国传统来传播自己的宗教。利玛窦的做法使西方宗教很快融进中国社会，没有出现排斥状态，因为当时的中国人并没有觉得利玛窦传播的是一个不可接受的东西。

第23讲 西学东渐与东学西传

利玛窦以及后来的南怀仁、汤若望，他们个个都是饱学之士，文质彬彬。他们带来了很多新知识，比如地球仪就是利玛窦带过来的，他给中国人讲解地球是圆的，并不是一马平川。利玛窦等人带来的知识是中国原来知识结构当中没有的，这一点迎合了中国士大夫阶层一个很重要的信念，那就是一事不知以为耻。

徐光启、李之藻这批最早的西洋文明信仰者，他们抱着一种谦恭的精神来接纳利玛窦和西方知识。在明清之际政治急剧变动的时代，明帝国和清帝国都表现出了大帝国的胸怀。一个旧朝崩解，一个新朝建立，二者对西方文明进入中国都没有排斥，而是坦然接受。传教士们也觉得中国的士大夫很值得敬佩，中国的官僚体制和社会秩序也值得敬佩。

古希腊哲学家柏拉图推崇"哲学王"的统治，认为这是治理国家的最高境界。《利玛窦中国札记》里面说，我们原来只是理论上知道有一个秩序井然的国家，一个文质彬彬的哲学家来进行治理。到了明帝国，我感觉原来理论上的东西在东方得以实现。明朝的皇帝给进士们进行考试命题，是批卷子的人，是决定这些人学问孰优孰劣的人。皇上有哲学思想，有哲学理念，大臣们文质彬彬，整个国家井然有序。

我们今天有很多人批评明清时期的科举制度，认为它过于僵化，但是当时的西方人觉得这是一个了不起的制度。中国的七品芝麻官都是进士出身，而内阁首辅、大学士都是饱学之士，而且著作等身。在他们看来，这不就是一个高度的文人治理体制吗？何炳棣先生认为利玛窦这一代人到中国来的时候，他们观察了中国的制度安排，认识到科举制度的优良性，就把它引进到西方，逐步演变为文官制度。1905年废除科举以后，中国逐步又把文官制度引回来，到了民国时期开始文官考试，但是始终没有建立一个西方意义上的文官体制。

我们很多人认为中国近代诸多问题的起因是四民社会没有解体，但是利玛窦认为四民社会很好：秩序井然、社会稳定、各安其分、职业分途。士大夫大胆倡言国事，为国家出谋划策，农民好好种地，工人好好做工，做商人的合法经商。他认为四民社会在当时是一个很理想的社会。

在中西文明接触初期，双方都带着互相欣赏的眼光，西方人对中国文明也是高看一眼的，因为他们看到了一个和他们传统完全不一样的世界。只要人保持正常心态，看到不一样的东西并不一定会排斥，更多的是欣赏。年轻的女同胞特别讨厌"撞衫"，但是看到一个新颖的东西，就会觉得不错。中西文明最早接触的时候，西方人觉得中国的东西好，中国的士大夫阶层对利玛窦这些人也是由衷地佩服，觉得他们对科学的认知是中国人没有的。

举一个具体的例子，在中国传统知识体系当中没有几何学概念，连"几何"这个词都没有。利玛窦等人带过来的6000部典籍当中，里面就有这些新的、中国原来知识体系

第23讲 西学东渐与东学西传

当中没有的东西。利玛窦和徐光启花了几年的时间把欧几里得的《几何原本》翻译成中文，中国的知识结构、体系，以及知识生产方式开始发生改变。这是西学东渐过程对中国最有启发意义的一个事情。

近代史上的林纾翻译了上百种文学名著，比如《巴黎茶花女遗事》（现译《茶花女》）、《黑奴吁天录》（现译《汤姆叔叔的小屋》）等。但其实林纾并不会外语，他译书要与精通外语的人合作，比如他同精通法语的王寿昌合作翻译《巴黎茶花女遗事》，先由王寿昌将法文原著翻译成中文，然后林纾用比较典雅的文学语言进行加工。当年徐光启和利玛窦等人翻译西学书籍也是这么做的，徐光启那一代人本身特别重视翻译，他认为欲求超胜，必须翻译。中国要想跟上人类进步的步伐，必须把西方文明成果完整地翻译到中国来，所以他们发誓用20年时间把6000部西学典籍都翻译出来。如果在那种心态支配下，中国真的能用20年时间把这6000部典籍完整地翻译成中文，那中国的知识体系就会发生改变，名词结构、概念乃至中国人对知识的理解和知识生产的方式，都会随之改变，因为这6000部典籍会给中国文明架构注入很多新因素。

佛教为什么能被中国士大夫阶层接受，因为佛教的因明学是中国知识体系当中没有的。孔子、老子、庄子，不论文辞多么优美，却不讲逻辑。中国的士大夫阶层对佛教的高深学问很欣赏，因为他们觉得佛教传递的像因明学这样的东西让中国的知识受益匪浅。大前提、小前提，最后推导出必然结果，今天我们已经把它作为常识来处理了，但是回到唐朝、宋朝的时候，那就是一个外来的新东西。

利玛窦等人传递的新知识令当时的中国知识人感到非常震撼，徐光启、李之藻他们由衷地佩服西方，觉得应该和西方合作，把西学介绍到中国来，为此他们直接信教了。外来宗教进入中国的时候，从来都是先在皇室成员内流传，我们讲佛教的时候提到过楚王刘英，皇室里面信佛教的多得不得了。到明朝末年利玛窦等人进入中国后，徐光启这些知识人信教了，皇室也有很多人信教。崇祯皇帝吊死煤山之后，南明的几个小朝廷也有很多人信教，永历朝廷则全部都是信徒，他们跟罗马教廷建立联系，希望能够获得罗马教廷的支持。

在西学东渐过程当中，中国并不是像中西贸易那样单纯处于顺差状态，一方面中国接纳了西方的东西，另一方面中国的文明又传导到西方去。著名学者朱谦之先生认为那时候中国文明整体地传到西方去了，为后来西方的重农主义、人本主义思潮和启蒙运动提供了资源。莱布尼茨说过，他发明二进制是受东方阴阳学说的启发。

在18世纪之前，西学有一个东渐的过程，东学也有一个向西传播的过程。这个双向互动的过程，我们再往前推的话，其实它有一个漫长的历史，景教、也里可温教传到中国来，马可·波罗也写过一个游记，把东方文明的点点滴滴传到了西方。我们今天只要用一个温馨的眼光去回望这段人类交往的历史,站在全球史视角来观察,会看到人类就是在交流、互换中进步提升的。

第24讲
明清易代与17世纪全球史

满洲人是女真人的后裔，女真人曾经在12世纪建立金政权，与宋、辽等政权并立。金朝灭亡后，很多女真人留在了内地，逐渐与其他族群融合。但是女真的族源并没有中断，留在东北的女真人逐渐演化为后来的满洲人。

明朝建国后，蒙古人退到大漠以北，满洲人在东北地区活动，满洲是明朝版图下的一个地方政权。从文明发展的基本脉络来讲，中原文明是成熟的中心文明，它的外围是"半生不熟"的文明，再往外可能就是"生"文明。在有文字记录的几千年历史当中，中心文明不断向周边辐射，把半生不熟的给弄熟了，它们再往外辐射，又把原来生的给弄熟了。比如清朝初年吴三桂对西南地区的开辟，还有17、18世纪的下南洋，都是把生僻的地方慢慢开成熟地，把他们糅进中

第24讲 明清易代与17世纪全球史

心文化区域。

当时明朝在东北地区设置了奴儿干都司，由中央派出官员进行管理，很像我们今天对自治区的管理方式。之后是卫所制度，有点像军民合体架构，平时是生产单位，打仗的时候是战斗单位。这个东西有点像我们今天的建设兵团，现在如果打起仗来，拿到武器以后，建设兵团就可以成为军事单位投入战斗。

明朝中晚期满洲崛起的原因在于明朝对东北地区的统治出了问题，主要是因为李成梁。李成梁长时期在东北地区进行管理，付出了很大的心血，也做出了很大的贡献，但是用的阴谋手段太多了。

儒家总是告诫统治者要施仁政，但是统治者们往往用御民手腕来进行管理。李成梁在管理东北地区的时候，扶植一拨人压制另外一拨人，造成地方势力之间的摩擦，导致了满洲人族群意识的觉醒，明朝发生政治危机之后，满洲人开始了自己的"独立运动"。

从理论上讲，满洲本来是明朝的一部分，可以走生藩到熟藩的演变路径。从中原王朝的角度讲，可以让满洲从半文明状态转化为文明状态，和中原地区逐步接近合拢，但是由于明朝采用了不合理的方式去统治，使得地方主体意识开始觉醒。你如果用文明去说服感化他，他会慢慢糅进你的主流文明当中，但是你用阴谋手段，他找准机会就会寻求改变。

满洲人在不断崛起的过程当中，其族群本身通过冲突、妥协，逐步合并到一起。当整个东北地区的满洲人都合并起来之后，他的目标就指向了明王朝。而明王朝如果能有很好的决策，满足地方的需求，再在统治的正当性、合法性上下一点功夫的话，满洲怎么能够脱离你呢？就是脱离你，他也只是在东北地区独立建国，他建立政权的时候也没想着要统治整个大明帝国。

满洲人是大明帝国下面的一个族群，如果你给他一个适度的尊重，他会对你感激，因为你的整体文明比他高；你对他稍微好一点的话，他会逐步跟你融在一起。如果治下的族群自我意识觉醒，统治者应该怎么做？英国人当年是怎么做的，如果你有一个独立的要求，英国人说我帮你制定一个好宪法，建构一个好制度。你要充分理解他们的诉求，另外你要了解你下面的官员有没有问题。李成梁其实就有问题，他对满洲人打一半、压一半，激活了满洲人的地方主义和独立意识。他并不是完全天生地要脱离你，因为你是一个很强大、很文明的主体，他想加盟。

在18世纪晚期乾隆朝最鼎盛的时候，清朝有40多个属国，当时想加入中国比今天加入美国联邦还要难。中国历史上对周边最宽容、最公平的时候就是乾隆朝。

明朝晚期对周边的处理就不对，特别是面对满洲人的崛起，明朝统治者不理解满洲人的情绪问题在哪儿，轻率地采取了镇压政策。晚明"三饷"之一是"辽饷"，大量用兵之后没有钱，只能去民间征钱，而且仇恨是越打越深，满洲人就是在这种状况下逐渐觉醒的，慢慢养出了族群主体意识。

1636年，满洲人在东北地区建立自己的政权，他们这个时候不可能有野心立刻入关，征服大明帝国，打死他们也不敢这样想。但是为什么几年之后就出现了这个问题呢？原因在于明王朝自身的政治危机，而明王朝自身的政治危机主要是因为崇祯朝的瞎折腾。崇祯接班的时候，明王朝并没有处于高度的政治危机状态，因为当时的税收状况相当良好，崇祯皇帝接管的并不是一个烂摊子。

天启皇帝膝下无子，崇祯皇帝属于从藩王府当中接出来突然继位，他没有像一般皇太子那样接受过系统完整的教育。他的性格很焦躁，迫不及待地想证明自己如何厉害。在他统治的17年里，对满朝文武看不上眼。他统治的17年是折腾的17年，他说满朝没有可用之臣。但是我们读史料可以发现，是满朝文武看不上他，君臣之间的关系很紧张。大臣们不敢给他出主意，他也不敢跟大臣们真正沟通。崇祯皇帝最后发自内心地想放弃北京，转到南方去继续抵抗。如果崇祯转到南方去，就可以在南方组织整体性的抵抗，而不是历史上实际出现的几个分散的小朝廷。崇祯皇帝希望有大臣提出南迁的建议，然后自己批准。结果大臣们一个个都装傻，没有一个人愿意提、主动提这件事情。君臣之间已经很难同心同德了，臣子们期待着皇帝赶紧玩儿完，早死早托生。最后崇祯皇帝成了孤家寡人，他吊死煤山之后，大臣们没有痛哭流涕的，给他收尸的只是一个太监。崇祯皇帝很难称得上是一个英明的统治者，但他有一点值得称赞，那就是在临死前写的遗诏当中，他喊话说：你可以夺得我的天下，可以征服我的土地，但是不要残害我的百姓。这句话很感人，我每次讲到这的时候都有想流泪的感觉。到了民国时期，晚明史的研究成为热点，很多人都在怀念崇祯皇帝，认为他是个好皇帝。

除了统治者的问题，农民在17世纪也面临着空前的危机。十六七世纪，地球发生过一次小冰期，气温下降得很厉害，农业受到很大损失，再加上崇祯皇帝施政不当，农民的生存日益艰难。李自成起义、张献忠起义，最初的原因都是求生存。当一个人面对死亡威胁的时候，是不可能坐在那儿等死的，明王朝最后就颠覆在李自成这些农民起义军的手里。

在明清易代过程中，有满洲本身的因素，有明朝的因素，有财政的问题，有气候环境的改变。但总体来讲，满洲在东北地区崛起之后，在1644年利用李自成占领北京、崇祯皇帝自杀这个机会，在吴三桂的帮助下，开始大规模入关。

多尔衮说，我们要替大明皇帝报仇。可以感觉到他仍然把自己看成是大明国的一部分，而并不是说以大清国的名义向大明国挑战。他是以大明国的属地来复仇。复什么仇？追剿李自成。李自成的皇帝宝座还没坐热，就带着搜刮来的财富撤离北京。多尔衮派兵追击李自成，在追击的过程当中一

第24讲 明清易代与17世纪全球史

下就把满洲的军事力量推进到全国。

明清改朝换代的过程是非常戏剧性的,从入关开始,满洲统治者就"正义感爆棚",大明帝国竟然有官僚说他们是"王师"。通过阅读史料可以发现,清军从山海关一直打到南部边陲,如入无人之境,除了"扬州十日"和"嘉定三屠"外,几乎没有遇到像样的抵抗。更重要的是相当一部分大明帝国的官僚一转身就成为大清帝国的官僚,这当然和满洲统治政策的调整有关。满洲人这时候已经充分理解了中原王朝和中原文明,他们在沈阳建政的时候,已经建立了中央部院架构,之后其体制和大明帝国越来越像,因此关于知识分子接纳、旧官僚处理这些问题,他们太清楚了。

进入北京之后,满洲统治者宣布一条政策,不抵抗的明帝国官员都回原衙门任职,还享受原来的待遇,整个政权直接就平移过去了。满洲人入关后没有培养大量的官僚,而是直接用旧王朝的官僚来治理新王朝。当然后来也衍生出一些问题,对这些转身的官僚,满洲统治者认为他们是"贰臣",对他们并不太信任,而是"限制使用"。因为满洲人在数量上远逊于汉人,为了对汉官僚进行制衡,清朝创立了"满汉双轨体制",满尚书管理政治,汉尚书处理事务。"双轨体制"深刻影响了大清帝国后来的发展,也深刻影响了中国和西方文明(关系)的调整。

大清帝国的建立,中断了之前中国和西方文明之间的流畅竞争,也为后来的危机埋下了种子。

第25讲
18世纪的繁荣与问题

康熙、雍正、乾隆这3个优秀的皇帝支撑住了整个18世纪的中国。中国在18世纪呈现出的繁荣是很难得出现的一种情形，我们知道历史上有文景之治、贞观之治这些类似的状况，但是都没有达到持续性的繁荣。18世纪的持续性繁荣本可以给中国带来一个历史性的大转变，因为全球背景完全不一样了，但是繁荣又带来新的问题。

开国皇帝可以没有很好的教育经历，但他们都是在非常直接的实际竞争中磨炼出来的。中国的王朝政治是真正意义上的"家天下"体制，是私有传承，每一个开国皇帝都像秦始皇一样，希望一世、二世，以至万世，永久传下去。怎么能使皇位永久传下去？历代君主有一个共同考虑，那就是培养更多有能力、有正确价值观、正确认识的接班人。所以我们看中国历史上，从二代皇帝开始，基本上每个皇帝都接受过良好的知识训练，他们的老师都是当时帝国内部最好的学者，和他们朝夕相处，培养他们良好的习惯和品质，训练学术鉴赏力、识别力，包括书法、绘画这些爱好。康雍乾都是非常优秀的皇帝。

乾隆皇帝一个人写了4万多首诗，几乎可以匹敌唐朝的全部诗人，可惜的是，他的诗没有一句能像李杜诗篇那样传诵甚广。我觉得这是体制造成的，乾隆皇帝身边的马屁精太多了，随便写点什么东西都说好。尽管如此，乾隆皇帝在作诗方面的高产量仍然可以反映出他受过很扎实的文化教育。乾隆皇帝还喜欢在书画作品上题字，有的时候题一次还不过瘾，他就反复地题，最后喧宾夺主，他题的东西远远超出原来作品的规模。康雍乾都接受过良好的教育还有艺术上的训练熏陶，可以和那些最有学问的大臣进行正常的对话，大臣们讲的东西他们能够听明白，他们还要负责科举考试的命题和批卷子。

满洲人刚入关的时候，汉化程度比较低。顺治皇帝是童年继位，一开始对汉文比较生疏，但是经过几年的学习，等到他亲政时，已经能读懂汉大臣写的奏折。当时辅佐顺治皇帝的摄政王多尔衮也是这样，刚入关的时候也不懂汉文，但是后来也在很短暂的时间内使自己获得很大的提升。

清朝前期的几个皇帝都有一种责任感和使命感，也许他们最初没想过大清国能延续200多年，但是他们保持了一种奋发向上的状态。在这之前的明朝、宋朝、唐朝，都没有连续出现高素质的皇帝。

我们讨论18世纪繁荣和问题的时候，一定要对原来的历史观有一定的调整。过去我们很排斥英雄史观，既然历史是人民创造的，就不能讲英雄史观。其实我们仔细研究历史的实际情况，不论中国史还是世界史，一个伟大的人物或者一个很坏的人物，都可以导致历史发生根本性的转变。最典型的，如果没有康雍乾这3位杰出的皇帝，会不会出现18世纪的繁荣？可能很多朋友说也会出现，但概率完全不一样。因为等乾隆皇帝去世以后，到了19世纪，不论是嘉庆、道光，还是咸丰，可以看到因为他们的决断力，在很多问题的处理上失策，使盛世终结。所以个人因素在历史上也是一个很值得注意的问题。

今天中国疆域的四至其实是以乾隆朝为底本，清朝的规模达到了中国历史上前所未有的高度。它的管理体制很值得注意，对本土也就是18行省的管理汉化程度非常高，和之前的王朝没有太大的区别，就是中央集权的管理体制。地方的总督、巡抚由中央政府统一委派，而且是随时调整，任期一般不会太长。一直到晚清的时候，督抚的家基本上都安在北京，出去任职两三年后就回来。对18行省之外的边地，最开始是用当地的官僚来管理，后来有一个改土归流运动，把土司改成流官。

清朝在18世纪的属国架构也值得我们注意，大清帝国

第25讲 18世纪的繁荣与问题

在当时类似于一个邦联体制,周边的国家可以加盟,成为大清帝国的属国。这种属国体制使大清王朝的格局非常不一样,东边的属国是朝鲜,再往大洋里边延伸是琉球。今天的泰国、老挝、柬埔寨,当时都是大清帝国的属国。清朝有两个管理属国的机构,一个是礼部,一个是理藩院。礼部管理那些没有和中国山水相连的属国,比如琉球,和中国本土山水相连的属国归理藩院管理。

18世纪中国的盛世体现在方方面面,在经济上,中国的贸易顺差在持续性扩大。在之前的几百年,中国和西方国家一直有长久的贸易往来。到了十六七世纪,葡萄牙、西班牙、荷兰这些国家开始向远东乃至全球拓展,中国和日本都在接纳西方的东来。在北部,中国和俄罗斯在全球化背景下逐步接近,慢慢靠拢接壤,中国向北推,俄国向南推、向东推。这表明中国并不是我们原来讲的绝对的关闭国门。在《尼布楚条约》签署前后,中俄之间的交往是两个帝国之间平等的交往,互相之间没有心理上的嫉恨。俄国使团住北京,还有俄国的传教士和学校,清政府没觉得恐慌。清朝的对外交往,总体上来说扩大了中国的版图,但是不能无限扩大、永远扩大,总要有一些妥协。

对于中国18世纪的繁荣,西方因素也非常重要。18世纪中期,英国开启了工业革命,给全球经济带来了震撼性的影响。机械化的投入、蒸汽机的使用,使动力系统发生根本性变革,劳动效率获得了空前改进。英国的纺织工业品向全球释放，因为成本低，所以势如破竹，但是并没有给中国造成很大影响。由于工业革命导致西方城市生活舒适度提升，市民人口扩大，消费力提升，对中国的瓷器、茶叶、丝绸反而有更高更多的需求。没有外贸的支撑，不可能有18世纪中国的繁荣。

18世纪中国的繁荣还体现在大型文化工程的出现。圆明园是由政府主导的大型主题公园，欧洲馆、大水法都带有很强的奢侈品性质，是奢靡之风，只有经济高度发达、产品过剩的状态下才能出现，在经济贫困产品短缺的状态下是不可能有圆明园的。除了圆明园，还有《四库全书》《康熙字典》以及测量全国土地这样的大型工程，如果没有发达的经济做支撑，这些文化工程、基础工程都难以展开。

中国在18世纪的繁荣是个事实，但繁荣的同时也有问题。近些年来有研究者认为18世纪的繁荣是畸形的繁荣，是饥饿的盛世，这种观点的依据主要来自1793年马戛尔尼使团的记录。马戛尔尼来华，看到了中国的繁华，也看到了底层社会的凄凉。繁荣是一方面，贫穷也是一方面。为什么会这样？这和财富分配有关，中国历代王朝都没能很好地解决财富分配问题。中国的对外贸易一直由朝廷主导，贸易结余是朝廷的积累，朝廷拿这些钱去做文化工程，底层社会并没有因为对外贸易的繁荣而普遍性地富裕起来。清政府基本上没有考虑过财富的二次分配和社会的公平救助，底层社会自生自灭，很难分享盛世的成果。

第26讲
停滞的帝国

中国在15世纪之后发生的变化，很大程度上是受外部因素影响。中国并没有完全与世界隔绝，西边可以通过陆路往中亚、欧洲延伸，东边、南边通过海上交通和外部世界发生关联。大航海之后，西学东渐、东学西输，在中西文明刚刚接触的时候，互相之间都用欣赏的眼光去看对方。在利玛窦和徐光启那个时代，东西方互相学习，互相看到对方的长处，可以明显感觉到大国气象。可惜的是很快发生了明清易代，使中国学习西方的道路发生了调整，而这个调整对中国后续发展是很致命的事情。

满洲人入关后，汉人士大夫整体性地转身，成为清帝国官僚体制当中的一员。满洲人本身对这些人并不完全信任，所以建立了满汉双轨制，使汉人士大夫产生了对满洲贵族的离心倾向。从清朝建政一直到19世纪50年代湘淮军崛起，汉人士大夫总觉得自己比满洲人低一等，有些满洲人对汉人也比较歧视。满汉双轨制体现出满洲贵族对汉人士大夫的不信任，这种不被信任的感觉使汉人士大夫阶层对清政府的某些号召产生了一种微妙的逆反心理。

康熙、雍正、乾隆这几个清朝早期的皇帝，他们对西方文明持赞赏、欢迎、支持的态度。明清易代之后，原来为明帝国服务的传教士，比如汤若望和南怀仁，他们都转身为清帝国服务。汤若望还深度介入了清廷内部事务，康熙皇帝之所以能登基，很大程度上是来自汤若望的建议。汤若望说为了避免新皇帝夭折，应该选已经出过天花的皇子继位，而恰好玄烨出过天花，所以顺理成章地登上了皇帝宝座。康熙皇帝对西学很感兴趣，他曾亲自演算科学公式，在数学、物理、天体观测上都有一定的涉猎。乾隆皇帝喜欢书法绘画，宫廷里有很多西洋画师，修建圆明园时，也有西洋画师和工程师的参与。这表明清帝国统治者并没有排斥西学，他们觉得西洋文明可以为我所用，这延续了明帝国对西学的看法。

可惜的是，康熙皇帝的个人爱好，他一个人的身体力行并没有带动整个国家转身，没有在汉人士大夫阶层中引起积极回应，反而使他们对西学更加疏远。在康熙时期，罗马教廷调整全球的传教政策，不允许信徒同时信仰本土宗教，不能祭拜祖先。康熙皇帝认为这是对中国内政的干预，因为敬祖是中国自古以来的传统。与此同时，清帝国内部还发生了杨光先的"《不得已》案"。杨光先给皇帝上折子，指责南怀仁、汤若望这些人借给中国修历法之名要"谋我大清"。因为修的新历书上面开头就讲，"依西方新法"来制定本历法，杨光先说这些西洋人心怀不轨，想把我们的大清帝国变成他们的帝国。他说"宁可使中夏无好历法，不可使中夏有西洋人"，还说自己是"不得已"写这个折子，结果引起了一个大狱，汤若望和南怀仁受到很大的磨难。

这件事情表明原来良好的中西文明互动模式发生了逆转，使后续的中外交往发生了一个大问题。18世纪，统治者开始倡导弘扬传统，结果出现乾嘉汉学。另外，统治者开始加强对言论的管控，使人们不敢讨论和现实有关的西方学问，这给近代中国转型带来的最大困扰就是发展的不均衡性。

中外之间的贸易失衡达到一定程度的时候，要通过某种方式调整，回到平衡状态，这样才可以持续发展。但是我们看到在18世纪，当中西贸易失衡达到很严重程度的时候，西方人想解决，结果中国不认同，这才衍生出了"停滞的帝国"。所谓"停滞"，意思是清帝国处在近乎静止的状态，不再变化、不再增长、没有波动，这是18世纪中国最大的困扰。

对全球来讲，18世纪是至关重要的时期。到今天为止，18世纪的影响也没有完全释放完，更不要说消化完。英国工业革命发生在18世纪60年代前后，之后它开始向外释放，中国一点反应都没有，还在延续原来的所谓"资本主义萌芽"状态，没有随着工业革命的发生给资本主义萌芽状态注入蒸汽机。18世纪70年代，英国的采矿业已经使用蒸汽机，使动力系统有了很大的改变。蒸汽机的技术传导在日本得到了回应，我们今天到日本去看日本明治维新的工业基地遗址，那是联合国认定的文明遗产。日本和中国都是东亚国家，为什么日本有回应，而中国一点回应都没有？这里边有体制的原因，日本是"封邦建国"体制，每个藩国拥有高度的自治权，和周朝的诸侯国一样，齐国、鲁国怎么做，周天子不过问。

中国在秦朝之后建立了中央集权体制，同时派生出流官体制，清朝的督抚由中央任命，任期通常是三四年，督抚在任上很难有长远的规划，也没有对外交往的事权，这使得清帝国对英国工业革命毫无反应。广州的一口贸易一直在持续进行，如果说当时清朝人对世界的变化一点都不知道，是很悖论的东西。当你不去关注别人，不能正面理解别人变化的时候，可能这些信息对你来讲就是无效信息。18世纪的时候，广州一口通商，万商云集，非常热闹，怎么就不知道英国发生这么大的变化？今天美国有什么新的技术发明，我们肯定是知道的。清朝跟我们今天的情况完全不一样，这是体制性差异造成的。

中国对英国工业革命没有回应，使得中西之间的贸易失衡继续扩大。英国率先完成工业革命后，很快称霸世界，成

第26讲 停滞的帝国

为日不落帝国。这时中国同世界的交往可以概括为中英之间的交往。工业革命在英国发生,新的动力系统使工业产品产量获得空前提高,全世界都在享受工业革命带来的好处,都觉得要和英国打交道,英国俨然成为全世界贸易的代理人。中国的茶叶、丝绸、瓷器主要是出口给英国商人,再由他们转卖到世界各地。中英之间应该保持密切的沟通和互动,但是清帝国不愿意这样。贸易失衡的持续扩大让英国不能容忍,1787年英国派卡茨卡特使华,希望通过谈判来解决贸易失衡问题。英国政府给卡茨卡特的指令主要有这么几条:一是争取让清帝国在广州之外再开几个通商口岸,与广州形成竞争态势;二是希望清帝国能租给英国一个荒岛,用来装卸货物;三是允许英国在荒岛上建一个海员俱乐部;四是希望能够跟清帝国构建起近代意义上的外交关系,双方互驻使节,便于处理商业事务。

如果卡茨卡特能顺利抵达中国,凭乾隆皇帝的魄力,这几个要求应该都不成问题。乾隆皇帝给清帝国弄来那么多土地,拨一个小岛给英国,应该不是大问题,这种妥协没有什么不可以的,后来不也照样妥协吗?但是近代中国转型过程中有很多偶然因素导致了历史的剧变。卡茨卡特不幸在途中病死,这一事件是偶然的,却预示着中国向近代转型所受到的困扰与宿命。1793年,英国派马戛尔尼率使团访华,他的使命和卡茨卡特几乎完全一致,只是时间拖了5年。这5年中,清帝国是静止状态,不知道世界变化,以为世界没有

177

变化。

马戛尔尼使团顺利成行，从广东到天津，到北京，再到避暑山庄。实际上他们一入境，中国方面负责接待的官员就已经开始和马戛尔尼等人谈判了。整个行程的前半段还是很愉快的，并不存在什么复杂的冲突，什么三跪九叩，这都不是根本性的问题。有些研究者认为中英这次没有谈拢是因为礼仪冲突，中国官员让马戛尔尼下跪，他不愿意下跪。这个说法严重忽略了之前中国同外面世界的交往，在100多年前的《尼布楚条约》谈判当中，中俄之间的交往不存在礼仪障碍，怎么到马戛尔尼这就出问题了呢？

对清政府来说，马戛尔尼的诉求并非不可接受。在康熙朝，清政府曾尝试开放更多的通商口岸，效果一般，便又回到了广州一口通商。广州一口通商不是不可改变的祖宗之法，但为什么1793年这次谈判什么都没谈成？我觉得这和法国大革命有关。

今天我们说法国大革命是资产阶级革命，它改变了人类历史的进程，但在当年应该叫骚乱，把法国国王送上断头台了。在马戛尔尼使团来华之前，中国对法国大革命一点都不知道。在中英谈判过程中，中国官员从英国人口中得知了法国大革命的相关信息，得知法国国王被送上断头台，法国动荡，欧洲动荡。中国方面担心和英国往来过于密切，可能会把欧洲的动荡传导到中国来。不久以后，中国方面的首席谈判大臣和绅通知英国使臣，天气越来越冷了，你们准备回去

第 26 讲 停滞的帝国

吧。英国使臣觉得很无辜，协议没达成，怎么就打发我们走了？英国随员在记录当中说，如果中国政府不知道法国大革命的事情，我们的协议就达成了。

清政府是从防范的角度出发拒绝了马戛尔尼使团的要求，它不希望因为贸易影响国内稳定。对于这个决定，清政府并不后悔，因为事实证明，从 19 世纪初期开始，欧洲动荡了半个世纪。一直到 20 世纪 50 年代，法国进入第五共和国时期，才真正从帝制与共和的拉锯中走出来，进入相对平稳的状态。当时清政府防范的是政治动荡的传导，跟政局稳定相比，贸易就没那么重要了。除了这个原因以外，马戛尔尼使华失败也和当时中国人对贸易的理解有关。长久以来，中国人觉得做生意是双方你情我愿的事情，你买我的东西，你当然要给我钱；你买我的东西是因为我的东西好，我并没有强迫你买，所以不存在什么贸易失衡的问题。在中国传统体制下，贸易失衡是很难通过谈判来解决的。

有研究者认为如果中国当时能接受马戛尔尼使团的请求，与英国建立近代外交关系，走向世界，会是很好的一件事情。历史不允许假设，但历史允许复盘，这种可能性也不是说不存在，但是历史路径往这儿走了就没办法。

中国在 18 世纪经济高速增长的时候，有走向世界的各种可能性，但是由于各种偶然性导致这种必然的逻辑没有得到实现。

第27讲
迟到的工业化

贸易在自由状态下不会失衡，因为贸易追随利润走。贸易管制之后，贸易就不再跟随利益走，而是跟着行政指挥走。这是贸易失衡的重要原因。

当然，贸易在充分自由状态下也会有短暂时间的不协调，但这种不协调可以很自然的通过自由贸易活动重回平衡状态。从商朝开始的一个漫长时间段里，中国的商业传统中是没有贸易失衡问题的。中国以农业文明为基础，对外部的需求很少，自己的农产品能卖出去换钱，就是完成了一个交易过程，这使得中国在自然经济状态下的贸易处在比较平稳的状态。

一直到明朝建立，中国的贸易一直处在大体平衡的状态，没有出现大问题。中国内部需求不充分，对外释放的初级农产品又很充分，贸易盈余很大。两宋财政收入的相当一部分都来自对外贸易。明朝建立以后，这种状况开始逆转。在北方，为了防范元朝的残余势力，开始修长城来规范贸易，使得贸易走上不自由状态；在南方实行海禁政策，导致贸易失衡和走私的出现。贸易管制形成价格落差，合法贸易空间收窄，走私贸易开始大量出现。

走私贸易大幅降低了国家财政收入，政府为了消灭倭寇，又消耗了大量的资源。剿倭在当时是爱国行动，但是在自由贸易状态下是不可能出现倭寇的，结果因为体制性的安排出现了倭寇。剿倭还带来另外一个问题，剿灭倭寇本身成为一个产业。剿倭和平定叛乱一样，将领们通常不会按期完成朝廷的指令，在剿倭这件事情上，即便戚继光不这样想，他的那些部将出于生存需要，其实早已将剿倭作为一项事业。因为是事业，所以不可能很快结束；结束了，他们那庞大的部卒如何安置？这就是在威权体制下任何事情都容易走向自己的反面，都容易做成产业。因此我们看到在管制状态下，出现了一系列背离常识的东西：剿倭的人希望倭寇适度存在。这表明有一个"潜规则"的轨道在运行着，这大概就是马克思所说的"异化"。

马戛尔尼使团访华之后，贸易失衡问题没有得到解决。1816年，英国又派阿美士德使团来华。阿美士德使团的副使是小斯当东，当年他曾跟随马戛尔尼见过乾隆皇帝，那时他只有12岁。乾隆皇帝很喜欢小斯当东，鼓励他好好学习中文，将来为中英交往做贡献。小斯当东果然没有辜负乾隆皇帝的期望，他回国之后发奋学习中文和中国文化，把《大清律例》翻译成英文，传播到西方。在陪同阿美士德访华之前，小斯当东已经在广东通商口岸干了很长时间，对中国理解得很透彻。小斯当东在给英国政府的报告当中讲，我们不要在细节上屈从清政府，不要清政府讲一个什么小事情我们就接受，大事情要利用中英两个大国的体制来解决。中国是管制贸易，英国在某种程度上也是管制贸易，通过东印度公司让两国市场有序打开，之后两个国家贸易的盘子做大了，贸易失衡问题就解决了，要把中国纳入到正确的轨道上来。因此小斯当东在小节上不妥协，哪怕破裂都不妥协，这个政策是提前秘密制定的，中国方面当然不知道。

到了该觐见嘉庆皇帝的时候，中国大臣要求英国人给嘉庆皇帝磕头，阿美士德和小斯当东都予以了回绝。这使得阿美士德使团连谈判环节都没有进入，在礼仪环节就结束了。这是非常可惜的一件事情。当然，如果从情理去分析，英国方面确实希望与中国重谈贸易失衡、扩大贸易，而作为顺差方的中国则未必。我是赚得多了点，但我的顺差是因为你们需要我的物品，愿买愿卖，这就是自由贸易，凭什么要我人为去平衡？不能说中国绝对没有道理。

到1836年的时候，中英已经不需要谈判了，因为中英的贸易失衡问题已经解决了。中国的贸易顺差在这20年中发生了逆转，白银外流，外汇储备用光了，因为出现了一个

第27讲 迟到的工业化

新的因素——鸦片。

从文献记载来看，唐朝的时候，中国就已经有鸦片了。长期以来，鸦片主要作为镇痛的药品来使用，此外还有麻醉和刺激的功能。在近代以前，鸦片主要是贵族群体的消费品，在底层社会并不流行。明清两朝收到的属国贡品中，相当一部分就是鸦片。这种贵族圈的消费并不构成经济上的障碍和问题，但是等到贸易失衡问题持续不能解决的时候，鸦片这个因素就出现了。其他东西卖不掉，鸦片在中国能卖掉。鸦片在中国的进口量逐年提升，白银大量外流，中国卖出茶叶和丝绸，换回来的是鸦片。

中国的贸易顺差不是短时期形成的，是从明朝开始逐步积累的。在鸦片进入中国之后，很快就把财富抽空了。鸦片对中国国民的身心伤害也很严重，贵族圈消费鸦片的时候多少还有些节制，但是底层社会抽鸦片是什么情况呢，有钱的时候拼命抽，没钱就想办法弄钱。

在19世纪早期，鸦片给中国社会带来的伤害是真实的。林则徐等人主张禁绝鸦片贸易，严厉处罚鸦片商人，不是单纯出于一般的爱国感，还有对人类生命价值的终级关怀。他们觉得鸦片不应该向底层社会渗透，更不应该向无辜的青少年渗透。

当时的鸦片并非全都来自英国商人，还有很多中国商人特别是官员以隐蔽的方式参与其中，围绕鸦片贸易已经形成了一个利益集团。在1840年之前，中国没有找到很好的解决方案，围绕严禁和弛禁有过争论，最后各种争论都消弥在道光皇帝和林则徐的几次谈话当中。道光皇帝接受了林则徐的建议，决定严厉禁止吸食。因为我管不了外国人，我管得了自己人啊，绝对禁止中国人吸食鸦片，从源头去解决问题。

林则徐作为特命全权大臣到广东去处理这个事情，大体上不差，但是也有很多问题。我们教材里讲过虎门销烟，但是很多人只知道虎门销烟的前半部分，不知道后来清政府又赔偿了虎门销烟给英国造成的损失。当时很多英国商人觉得中国很快会开放市场，所以他们进了一批鸦片，准备赚个"快钱"。林则徐让英国商人把鸦片统统交出来，然后签个保证书，保证以后不再做鸦片生意。签了保证书的放走，很多商人求之不得。义律让英国商人把鸦片交给自己，由他跟林则徐交涉，这样一来，就把林则徐和英国商人之间的谈判转化为两国政府之间的对话。《南京条约》当中的赔款，有一部分赔偿的是虎门销烟给英国商人造成的损失。

林则徐对英外交的强硬是后来发生问题的原因，我们把这场战争叫作"鸦片战争"，西方称其为"通商战争"。在局部战争状态下，中国政府不会扩大战争，如果真的放开打的话，英国只有几千士兵，离本土又那么远，怎么和清朝100万军队打？但是除掉20世纪的中日战争，其他的战争都是局部战争，并不是宣布整个国家处在战争状态，林则徐作为全权大臣，只是在两广可以指挥，到了江浙他就指挥不动

第27讲 迟到的工业化

了。所以我们才看到战争到了后半段的时候,出现一个怪异现象。英国人不在广东跟林则徐打,转头北上,到了两江总督的辖地,在浙江打。浙江说你到我这儿打什么打啊?你还回广东交涉。英国人不跟林则徐交涉,所以继续往北打,去威胁北京的时候,那就更不行了。北京方面说,你们回去吧,回南方谈判。我们才看到鸦片战争的后半程其实就一个进入谈判的环节,中间是换掉了林则徐,由琦善等人去善后。

1842年,中英之间达成妥协,签订了《南京条约》,这是近代中国和西方签订的第一个条约。这次谈判之后,中国政府是带着某种赞赏口吻来感谢英国的,谢天谢地,问题终于解决了。当时有一个普遍的说法,称《南京条约》为"万年和约",表明中国终于可以松一口气了,延迟几十年一直没有解决的问题解决了。

英国在工业革命之后,一直要求中国增加通商口岸,卡茨卡特的使命在《南京条约》中都得到了体现。半个世纪三次谈判都没能解决的问题,通过这场不到两年的局部战争解决了。当时大清帝国确实没预感到这是一件大事,它觉得这个事情很好,通过谈判也可以解决问题,并不一定要打。

在战争还没结束的时候,林则徐就被充军,发配新疆,因为清政府要林则徐承担中英冲突的责任,他没有提出妥协的方案。清政府并不认为《南京条约》对自己有根本伤害,战争结束之后,清政府重回往日的宁静气氛。

林则徐的朋友魏源提出"师夷长技以制夷",等《南京条约》签订之后,一切都无从谈起了,重回宁静状态。历史学家蒋廷黻先生对此非常愤怒,他说清政府如果能在《南京条约》签订之后接受教训,立马按照魏源、林则徐讲的思路去维新,去变法,那中国的维新就会提前20年,远东格局将完全改变,就没有日本什么事了。

这牵扯到从大历史叙事重新理解近代中国转型的问题,因为西方因素构成这种转型,就是唐德刚先生后来讲的"历史三峡"。从明清之际西方因素东来,一直没有发生大的冲突,到了这个时候发生冲突,仍然在"三峡"之中。中国社会怎么从原来的农业文明向工业文明转型,从原来的传统国家向现代国家转型,都是在一个接一个的冲突中展开的。

从大历史的脉络看,《南京条约》签订之后,中国没有能够迅速改变,尽管有中国内在的必然逻辑,但我们去检讨的话,还是有很多我们自身的问题。就像胡适说的,我们不能动不动就骂帝国主义,帝国主义当然有责任,但我们也有责任。无论国际环境怎么变化,我们一定要看清问题的本质,要有反省精神,自己并不永远都是对的。鸦片战争之后,中国的应对有些失策,为后来的一系列问题埋下了伏笔。

《南京条约》签订后,中国没有变,结果被邻居日本看到,日本变了。在1000多年的交往过程中,日本一直是中国的学生,而且是优等生,它对中国文明的理解最清楚。中国怎么应对西方，日本就怎么应对西方。晚明以来，西方因素在大航海开始之后影响远东的时候，中国把西方因素规范起来，广州一口通商，西方商人可以在澳门居住。日本长崎一口通商在某种意义上是对广州有一口通商的效仿，是应对西方变局当中学生和老师之间的不谋而合，或者叫有所参照。

总体来讲，西方工业革命发生之后，中国如何应对，日本全都看在眼里，但是作为学生辈，它没有办法对中国进行指点，但是它记在心里，把中国的精神产品带回去，就是魏源写的《海国图志》。

《海国图志》传到日本以后，日本很快进行了多次翻印并售之一空。日本通过《海国图志》看到世界的变局，因为《海国图志》有图有志，介绍了世界一些重要国家的历史现状、资源、体制，让日本人开阔了眼界。日本人知道世界是这种状况，也看到中国的应对是无效的，日本就在这个过程当中思考自己该怎么应对。

1853年，美国的佩里将军带着黑船舰队来叩关，日本人说给我们点余地，我们商量商量，先别开炮。第二年，日本和美国签订了《日美通商条约》，日本没有通过战争就打开了国门，而且日本充分理解通商是双向的。你到我这儿来通商，我还得到你那儿通商呢。一直到甲午战争之后，中国都没有真正理解通商是双向的，因为中国的市场太大了，没想着到别人那儿通商。

《南京条约》签订之后中国不改革，广州地方当局要求中央撤销五口通商，我们教材里面一般叫它"反入城运动"，说它是爱国主义运动，因为不让洋人进城。可是不让洋人进城是违反条约的，条约里边写得很清楚，要通过五口通商来解决贸易失衡问题，打开贸易空间。其实外国商人对广州的垄断性贸易早已十分厌烦，要求多开口岸就是为了和广州形成竞争态势。广州当局拒绝外国人入城，外国人就不进来了，这导致两广地区急剧性的衰落，1851年发生了金田起义。参加金田起义的人，主要是手工业者和农民。在这之前，他们利用广州一口通商的条件寻求谋生的机会，比如做小买卖，给外国人做事情。广东衰落下去之后，这些人的生路被堵死了，只能铤而走险。太平天国运动兴起以后，能在短时间内势如破竹，就是很多人在争取自己的生存权。

　　我反感太平天国的某些做法，但是我并不整体性地反感太平天国运动。反抗是人民的基本权利，特别当他们到了快要饿死的状态下，不可能坐以待毙，为了活下去也得反抗，我们一定要用正确的价值观去理解底层社会的抵抗。

　　太平天国运动产生了重要影响，它改变了清朝的政治架构，当年能征善战的八旗劲旅如今已经不堪一击，完全成为只能看家护院的稻草人。清政府不得不调整政策，允许士绅就地办团练来对抗太平天国，这在之前是不可想象的事情。原来受到抑制的汉人士大夫阶层开始崛起，曾国藩、左宗棠、李鸿章是其中的杰出代表，他们是力挽狂澜的中兴大臣。此外,清政府为了镇压太平天国,开启了国防和军事的现代化过程,曾、左、李身体力行,号召学习西方,接续林则徐、魏源的思想路径,师夷之长技,创办近代工业。安庆内军械所、江南制造总局、福州船政局等一系列近代企业被创立。中国的近代工业是从重工业开始起步的,和英国工业革命差了整整100年。这100年的落差,给中国带来了很多问题和困难。

第 28 讲
3000 年未有之巨变

纵观中国历史，到目前为止共发生过三次重大改变。第一次是殷周之际宗法社会的形成。以血缘、地缘为中心，每一个人都是同心圆的中间点，以自己为中心向外辐射，以血缘远近构成了一个等级分明的差序格局。这种宗法社会结构深刻影响了中国历史。中国工业化已经发生了 100 多年，宗法社会仍没有解体，当然也不必解体，宗法社会和现代化国家并不冲突，很多东亚国家的发展都可以证明这一点。第二次重大改变发生在周秦之际。秦王朝摧毁了周朝建构的封建制以及与之相配合的二重政治架构，创立了中央集权郡县制。周秦之变也一直影响到我们今天。第三次重大改变是西方因素东来之后引发中国社会的大变局。从大航海时代开始算起，到现在已经走了 500 年。这个大变局现在还处于进行

第28讲 3000年未有之巨变

时，它要完成这么几个指标：

一是从原来的农业文明当中生长出来工业文明。我并不是说一定要用工业文明取代农业文明，但是要在农业文明的基础上去生长出工业文明，配合工业化的发展。二是要完成中国的城市化，让更多的人口成为城市自由民，农业人口也是工业化管理下的、居住在更优美乡村的农业人口。

从西方因素进入中国到现在，这个转型过程已经走了几百年，走得磕磕绊绊，但是大体上还可以给出一个合乎历史、合乎情理的解释。18世纪繁荣之后中英之间的贸易失衡，至少我个人觉得我的解释是合乎逻辑的。等到鸦片战争结束之后，发生了太平天国运动，之后引发中国工业化的起步，是中国真正巨变的前奏。

中国在1860年走出来，给当时中国人的启迪和信心是什么呢？我们不需要变革中国的文明结构、政治规则、知识生产体制，但是我们仍然可以接纳西方的坚船利炮、声光电化，而且中国人在短短几十年当中确实做到了，这就是"后发优势"。所以我们才看到中国从1860年开始迅猛增长，19世纪60年代至19世纪90年代初期，中国的增长是直线上升，走出了两次鸦片战争造成的经济伤害和打击。中国经济在乾隆时期达到了农业文明的高点，但是从嘉庆朝开始，中国经济进入下滑轨道，到两次鸦片战争跌到谷底，1860年工业化发生之后，中国的经济增长重拾上升轨道。

当时中国的造船厂已经可以自主生产和世界先进水平相

当的轮船。西方电报业发展起来之后,中国将其引进并迅速辐照全国。航运和矿产资源的开采也获得很大的发展,中国在工业化道路上走得很远,我们今天应该带着一种感恩的心去看中国早期工业化的发生。清朝在国家力量主导下创办了亚洲第一、世界第六或者第八的海军。这是因为镇压太平天国需要水师,做着做着就做出了亚洲第一的海军。到19世纪80年代,中国真的走上了中国历史上工业化发生之后的一个中兴时代。同治皇帝是19世纪70年代去世的,19世纪60年代到19世纪70年代,传统史书称其为"同治中兴"时代。后来到光绪朝,当1888年北洋水师成军的时候,史书当中开始出现更多的名词叫"同光中兴",把曾、左、李等描述为"中兴大臣"。同光中兴使中国的政治架构、社会结构都达到一个非常不得了的感觉。

正因为当时清帝国发展得很顺利,1888年慈禧太后主动提出来要退位,这是我阅读史料发现的。但是传统的笔记小说和各位接受的历史教育都说慈禧太后是贪恋权力的人,怎么可能把权力让给不是她儿子的养子呢?我专门有文章去讨论慈禧太后和光绪皇帝的关系,我认为慈禧太后仅仅是爱新觉罗大家族的一个掌门人,她传承的是她丈夫咸丰皇帝的祖业。因此不存在她和她养子之间的权力冲突,这是很有争议的话题,但是我这么多年一直坚持自己的观点。当然我是属于少数派了,多数派仍然认为他们母子之间处在冲突状态。

第28讲 3000年未有之巨变

中国的强大已经使统治者觉得这是一个辉煌的时代,也坚定了他们的信念,认为自己的道路选择是正确的。19世纪70年代,日本外务省到中国来处理其他事情的时候,李鸿章和他们谈话。日本人暗示李鸿章,中国的变革还是应该看看西方和日本的做法,李鸿章马上很敏感地讲,没有可讨论的空间,你们一个小国怎么能跟我们比,我们的增长不是你们这个小国能够体会的。李鸿章觉得中国的路径是对的。

但是就在中国发展达到高峰的时候出现一个大问题,1894年的甲午战争让中国的历史突然发生一个大转折。中日在黄海激战5个小时,两国的海军是同一个老师教出来的,都向西方学习,建构近代海军。在这场5个小时的决战当中,中日损失大致相当,谁也没有打败谁,没有绝对优势的赢家。黄海大战后,北洋海军后撤至威海港湾,不再出海迎敌,中国寄希望于和平解决中日冲突。无奈日军不依不饶,从山东登陆,重兵包围刘公岛,威逼北洋海军投降。紧接着是中日谈判,1895年4月签订了《马关条约》。

中国近代史的路径由4个重要条约在规范着,《南京条约》《北京条约》《马关条约》《辛丑条约》。《南京条约》解决了之前半个多世纪中英贸易失衡的问题,开放了几个口岸。《北京条约》让整个长江流域及其之南地区全部开放,并尝试性开放了北方三口,天津、牛庄与登州。尤其是天津的开放至关重要,不过几十年,北部中国也获得了巨大发展。

经过几十年的发展，中国市场有了部分开发与开放，但从国际资本的立场看，依然很不够。大约从19世纪70年代开始，也就是洋务新政进行了十几二十年的时候，西方大国对中国半封闭的市场很不满意。尤其是资本主义经过200年的发展，已经到了列宁所说的资本输出阶段，他们拥有的巨额资本需要开拓新的市场予以消化。由此观察1895年《马关条约》的主题，我们就很容易知道，尽管这个条约也有割地赔款，但是它的重心在于打开中国的资本市场。条约规定，在中国的通商口岸，允许日本臣民自由办厂。日本的资本可以在中国已经划定的通商口岸自由进出，不受中国政府的管束。从1842年"五口开放"以后，清政府根据外国的要求不断开放一些口岸。这些口岸的开放对中国有很多正面影响，它传导了西方的新思想、新文明。但是它对中国的主权完整也有一定的影响，如果说完全没有影响，那等于是替帝国主义辩护，也不对，但是总的来说正面影响高于负面影响。《马关条约》允许日本资本在中国通商口岸自由进出，开办工厂。其他列强援引片面最惠国待遇，也纷纷开始在中国投资办厂。

1895年之后，国际资本向中国大规模流入，中国成为投资热土，外国人觉得中国是有钱可赚的地方。国际资本大规模流入表明中国的政治架构是合理的，是希望之地，外国到中国投资表明其认同中国政治。1896年，俄国人跟李鸿章签订《中俄密约》，向中国保证20年内肯定不会发生大问题,有问题,兄弟帮你们。这表明《马关条约》签订之后,国际社会对中国的未来趋势是看好的。国际热钱流到中国来,推动了中国铁路网的建构。中国在这之前一直想建铁路,但是因为资金问题迟迟没能起步。原来描述当中说我们不建铁路是因为风水问题,这个说法是站不住脚的,因为电线杆子比铁路更破坏风水。为什么电报能建,铁路不能建,还是因为资本的问题。中国在这之前没有在国际市场上融资的经验,而且国际资本在这之前也不认同在中国投资的安全性,因此在《马关条约》签订之前,中国的铁路没法建设,根本拿不出这么多钱来。

《马关条约》签订之后,国际资本大规模进入中国,中国的铁路建设迅猛发展。大概过了8年时间,中国的基本路网就构建出来了。因为《马关条约》之后,国际资本对中国高度信任,觉得中国终于可以走到正确的道路上去了。

外国资本在中国享受自由资本主义待遇,不仅使中国开始了铁路建设和矿产资源的开采,还解决了中国社会结构之前的板结化问题。中国自古以来形成的四民社会一直得不到分解、调整,这是因为中国工业化发展的不均衡,特别是中国的资本主义无法产生。在原来的社会制度下,中国人一辈子积累了很多财产,但等他一去世,几个孩子就把这些资产分解掉了,资本一直无法从原来的商业资本转型为工业资本。

《马关条约》签订之后,外国资本可以在中国自由进出,创办企业，给中国原来的买办商人、有产者、先富阶级提供了转化为产业资本家的机会。《马关条约》签订之后，外国人享受自由资本的待遇，给中国最大的示范是我们终于可以堂堂正正创办自己的企业，去当中国第一代资本家了。最典型的案例就是南通的张謇，他在1894年获得状元，1895年回到老家，很快接受张之洞的委派，开始创办企业。张謇用20多年的时间在当地创办富甲东南的大生纱厂，而且使整个南通地区成为全国社会改造的模范区域。

《马关条约》之后给中国真正的意义，就是刺激中国民族资产阶级开始出现。中国的民族资产阶级发生之后，一个必然的逻辑是要求政治变革，因为他们的纳税人意识非常强烈。纳税人的意识是监督政府，因为税是我出的，你还给我下指示，那你下的指示我就要审查审查了。这样才能解释之后出现的中国政治变革的逻辑，中国民族资产阶级发生两年之后，到了1898年，就出现了戊戌维新运动。这个过程与西方过去几百年的权利运动逻辑一致，步骤相仿。

戊戌维新运动要解决中国之前30多年发展过程当中没有顾及到的、日本明治维新当中遇到的问题。中国近代变革和明治维新的差别在哪儿呢？中国是分解式的，发展经济、改革政治、发展教育，一个任务一个任务的完成。日本的明治维新是毕其功于一役，宁愿慢一点也要把所有问题打包处理。在日本，国家改造、新教育的发生、法制的变革，以及和国际社会的联动，都是一揽子处理的。日本人很早就提出来日本要变成宪政国家，君主的权力一定要受到法律的约束，要给君主的权力划出边界；另外要给君主配备一个外脑，要成立议会机构。

中国在这几十年当中完全是单向突破，发展工业的时候其他的都不要管，为什么会这样？中国人是很聪明的，中国人有个自觉意识，觉得自己的工业化进程耽搁了100年。因此1860年之后，中国坚持"中学为体、西学为用"，只追求富国强兵、声光电化这些形而下的东西，不追求形而上，不追求制度变革，更不追求新教育的变革，根本原因是因为耽搁了太长时间。谁耽搁的谁知道，所以当中国开始自己的工业化之后，就要寻求突破，要单兵突进，要弯道超车，结果就是一种畸形的发展。

到了1895年之后，中国资本主义开始发生，政治变革是一个必然过程。1898年的维新运动实际上是很顺畅的，顺理成章的在政治层面、教育层面的变革。戊戌维新的第一条命令不就是在增长新教育吗？《明定国是诏》要求在北京建京师大学堂，完全是在模仿日本明治维新开始时候的新教育，引进西方全套的教育制度，这是1898年的主题。之后从新教育的变革推导到要制定新的商法，因为规范商业活动需要法律，要制定知识产权保护法。李鸿章这一代人都意识到为什么中国没有出现创新？就是因为中国的知识产权不能得到有效保护。

在1898年9月21日之前，政治变革、经济变革、法律制度变革都没有什么障碍。但是到了9月份开始发生问题，主要是因为康有为提出一个惊人计划，他认为中国改革迟缓的原因在于朝廷有一个以慈禧太后为首的保守派，改革派以光绪皇帝为首，康有为觉得自己应该辅助光绪皇帝干掉保守派。这里边有一个很大的问题，你怎么知道慈禧太后是不支持改革的？后来的研究充分证明，慈禧太后从1860年开始就清醒地知道，中国的变革是牵一发而动全身。这一点，美国学者费正清有很好的表达。他以为慈禧太后是一位伟大的帝国女主人，她清醒地意识到改革是一个系统工程，只要动了第一步，后面的变革就是接二连三，并不以改革主动者的意志为转移。

在我20世纪80年代读书的时候，日本方面公布了一批档案，其中有毕永年写的《诡谋直纪》，阅读之后，我们才知道康梁等人有一个策动政变的过程，才知道这个政变泄密的过程。相关细节在这里没法展开，但是这场政变直接影响了晚清最后十几年的政治变局。

这次事情发生之后，光绪皇帝实际上就不太处理政务了，他觉得自己还是年轻，没有政治经验，识人能力不足，导致中央权力的偏移。光绪皇帝在1899年不断生病，因为他从小身体就不好，在这次政治大变动过后也很自责。光绪皇帝生病不干，特别是表示皇帝都不当了，在这种状态下就要给光绪皇帝选个接班人，最后选的是和皇室血缘比较偏远的端郡王的儿子。由此引发了1900年庚子国变。之后就是痛定思痛的新政，以至宪政预备。1908年，清廷颁布《钦定宪法大纲》，这是中国历史上第一个成文宪法，它极为重要，意味着中国开始认同了西方开启的近代变革，现代民族国家也成为中国的政治选择。

慈禧太后、光绪皇帝去世之后，接管大清王朝的是以摄政王载沣为主导的团队，小皇帝是摄政王的儿子溥仪，太后是光绪皇帝的未亡人隆裕。这个班底当中没有什么阴谋论，他们是慈禧太后最亲的几个人。摄政王的团队沿着既定的方案继续走，并没有发生障碍，这样我们才看到在1911年5月8日宣布了第一届责任政府，这是中国历史上一个开天辟地的大事件，是过去20多年来所有改革者要求进行改革而没有实现的。

甲午战争之后，清政府改革最大的压力就是废除军机处，成立责任政府。很多人认为中国甲午战争失败是因为清廷的决策机制有问题，要求把雍正朝成立的军机处废除掉，建立责任政府。当时主政的恭亲王和刚毅说"废我军机"就是"谋我大清"，绝对不可以讨论，1911年的宪政改革，第一届责任政府宣布，轻而易举将这个拖延了20年的问题解决了。

新内阁成立的第二天宣布铁路干线国有政策，要解决铁路建设当中引进中国资本可能产生的金融危机、社会危机问题。因为中国的金融资本进入铁路建设之后，有很多是借贷、集资的方式。盛宣怀觉得这些东西有危险，所以他通过几年的准备，开始用国际资本解决这个问题。铁路干线国有化引发了保路运动，之后是新军起义，最后通过谈判妥协，清帝国退出历史，中华民国成立。

中华民国成立之后，清帝国并没有真正完全结束，溥仪等人退回到紫禁城里面继续"小清帝国"，皇室的财产获得了保全。

我们的课程到这个地方就该结束了，希望大家通过这个简短的课程重建自己对中国历史的观察。第一，我们应该很温馨地去回望前人，不要用后人狭隘的心胸去设定先人的不足。因为任何一个历史人物在其决策过程中，一定受制于他的时代和环境。作为后来人，我们要去体察前人为什么这么做，找寻其中的因果关联。第二，我还希望大家通过这个课程建立起全球史观。在1500年之后，中国发生的任何一个重大事件背后都有外来因素，1911年发生的辛亥革命其实是100多年前法国大革命的翻版，并且结合了新的要素。我们在阅读中国历史的时候，要从世界看中国，居高临下地观察中国演变的外部因素。第三，中国历史上各个族群都是平等的、善良的。

中国历史是每一个中国人的心灵史，历史的主观性是每一个中国人对自己民族历史的不同感知、认识和讲述，这是一个常讲常新的题目，也是一个不断逼近历史真相的题目。就讲到这儿吧，不合适的地方请大家批评，谢谢。